青少年行为心理学

江晓兴 ◎ 著

中国商业出版社

图书在版编目（CIP）数据

青少年行为心理学/江晓兴著.－－北京：中国商业出版社，2018.6
ISBN 978-7-5208-0380-9

Ⅰ.①青… Ⅱ.①江… Ⅲ.①青少年心理学 Ⅳ.
①B844.2

中国版本图书馆CIP数据核字（2018）第116916号

责任编辑：朱丽丽

中国商业出版社出版发行
（100053 北京广安门内报国寺1号）
010-63180647 www.c-cbook.com
新华书店经销
大厂回族自治县正兴印务有限公司
*
720毫米×1000毫米　1/16开　15.5印张　185千字
2018年7月第1版　2018年7月第1次印刷
定价：39.80元
****
（如有印装质量问题可更换）

前言

　　当孩子进入青春发育期，随着一系列的生理和心理变化，他们也就由此进入了青少年期。可以说青春发育期是青少年期的前奏和序幕，在青春发育期，孩子们必须适应身体上的各种变化，也要让自己的心灵加速成长，才能与生理生长速度相适应。因此，所谓的青少年期，实际上就是孩子们走向成人阶段的过渡时期，是他们人生中不可或缺的阶段。

　　很多细心的父母都会发现，六年级和初中一年级之间虽然只隔着一个暑假，但是孩子在这期间似乎发生了翻天覆地的变化：孩子的身高体突飞猛进，似乎一夜之间就追上了妈妈的身高，开始逼近爸爸的身高了；曾经对父母非常信任的孩子，开始变得郁郁寡欢，不爱说话，无忧无虑的时刻少了；孩子突然开始注重自己的形象了，男生不再是那个头发乱蓬蓬油腻、拖着鼻涕的邋遢的小男孩，女生也变成了亭亭玉立的大姑娘……这一切，都是青春期的生理和心理发育导致的。父母很困惑，不知道孩子为何会这样？什么都不愿意和自己倾诉，而只喜欢把事情都憋闷在自己的心里。实际上，父母无需困惑，仔细回想一下自己的青春期，你就会发现自己在青春期的表现和孩子现在的表现如出一辙。也许你的青春期没有如今流行的各种电子产品，但是你和孩子的烦恼和忧愁都是一样的。

　　爱普生涯咨询专家表示：孩子从12岁开始就进入心理断乳期，他们要尝试着离开父母，独立面对生活。这个时期的孩子叛逆心理很重，他们不想继续与父母一起外出，不想继续当父母的"跟屁虫"，甚至对于父母所说的话，哪怕他们心里知道是对的，表面上也要坚持与父母抗衡。他们绝不想继续对父母言听计从。他们此时尽管会面临很多的苦恼，需要向比自己有经验的人寻求帮助，但是他们宁愿那个人是同学，而不是父母。因此，很多父母都感觉到自己与孩子的关系越来越疏远了，其实不然。

爱普生涯咨询师团队在对大量的青少年辅导过程中发现：父母，不但不能抱怨青少年期的孩子表现出来的种种异常，而且还要竭尽所能地帮助孩子度过这段艰难的时期，这就是智慧家长的写照。如今，大多数家庭都只有一个孩子，孩子也已经习惯了衣来伸手、饭来张口的生活方式，所以刚刚离开父母庇护的他们，毋庸置疑会面临许多人生难题。例如：如何与陌生人相处，如何在这个危机四伏的社会中保护自己，如何抵制那些违禁品的诱惑，如何控制自己不做出错误的事情，如何博得异性的青睐，如何与身边的人更好地相处，等等。这些都是孩子需要拼尽全力学习、耗费心思去解决的。

明智的父母不会一味地"望子成龙""望女成凤"，他们知道一棵树苗要想成长为参天大树，就要保证根基的稳固。否则，树苗如果歪斜了，就会变得孱弱，甚至会被淘汰。父母对待孩子，也应该像对待一棵小树苗一样，唯有先构筑好孩子成长的根基，走入孩子的内心，解开孩子的心结，这样孩子才能健康快乐地成长。

知易行难，这说起来很简单，但真正要做到却很难。每一个父母在教养孩子的过程中，一定都经历过困惑无助的时刻。尤其是青春期的孩子，他们的自尊心更强，心思更加细腻，而且还非常抵触与父母交流。在这种情况下，要想要成功打开他们的心扉，父母就要懂点青少年行为心理学，爱普生涯咨询师团队从常年的实践总结中发现：当父母学会从孩子的言行举止中揣摩他们的内心世界时，就能透过现象看本质，真正了解并理解孩子的心声，走进孩子内心。请每一个家长扪心自问：我做好准备走入孩子的内心了吗？我做好准备接纳孩子的一切行为表现了吗？如果答案是肯定的，那么本书能帮你更进一步成为孩子认可的好父亲或好母亲。如果答案是否定的，千万不要有任何迟疑和犹豫，就从当下这本书开始学习吧！

| 觉醒篇 |
―― 青少年成长的7大行为轨迹

1. 我要独立：独立行动，不再当父母的"跟屁虫" // 2
2. 我的心思：孩子的心思你别猜，猜来猜去也猜不明白 // 5
3. 我与父母：父母与子女之间的一场修行 // 8
4. 我的世界：我的耳朵开始有了过滤器 // 11
5. 我的秘密：锁上了抽屉，孩子也关闭了心 // 14
6. 我的叛逆：孩子为何总是对叨扰抓狂 // 17
7. 我的青春：孩子喜欢和父母一起"想当年" // 20

| 修炼篇 |
―― 青少年必经的8大心理历程

1. 我要尊重：你根本就不尊重我 // 24
2. 我不能输：我输了，该怎么办呢 // 27
3. 我很委屈：面对挑战的委屈少年 // 30
4. 我要成功：我的成功之母 // 33

5. 我的嫉妒：妒忌之火，歇斯底里 // 36

6. 我的奋斗：没有人能永远成为赢家 // 39

7. 我的压力：压力下的成长小故事 // 42

8. 我的拒绝：不懂说不，陷入被动 // 45

|亲子篇|
——青少年时代的7堂父母课程

1. 我就不听：我偏偏要与妈妈对着干 // 50

2. 我的烦恼：是你要与我争吵的 // 53

3. 追风少年：妈妈，你落伍了 // 56

4. 我的妈妈：有一个理解我的妈妈真好 // 58

5. 不想吵架：每天一小吵，三天一大吵 // 61

6. 世纪碰撞：当更年期遭遇青春期 // 64

7. 我想飞走：离家出走——父母心中永远的伤痛 // 67

|学业篇|
——青少年学业的6重学习挑战

1. 我不想笑：不是我冷漠，是你们对我太冷漠 // 74

2. 讨厌学校：我再也不想去学校 // 76

3. 喜欢语文：我就是喜欢语文 // 80

4. 单腿独步：学习上的瘸腿大王 // 83

5. 无聊生活：枯燥乏味的学习何时休 // 85

6. 自主选择：自己选择，才能一往无前 // 88

目录

| 社会篇 |
——青少年人际的8大关键问题

1. 我与朋友：乖宝宝突然"狐朋狗友"满天飞 // 92
2. 宅男宅女：藏在家中无人识——宅男宅女的青春梦 // 95
3. 追梦人生：追星一族，只是需要一个偶像用来崇拜 // 97
4. 我不知道：各自为政的友谊，少了几许谅解 // 100
5. 谁主人生：是你要生我的 // 103
6. 自信力量：自信的人生才能不断成长 // 106
7. 与食为敌：孩子为何厌食与贪食 // 108
8. 反对社会：孩子为何厌恶社会 // 111

| 折腾篇 |
——青少年青春的6大现象提示

1. 我不争吵：争吵一开始，就意味着输掉 // 116
2. 冲动旋涡：冲动是魔鬼，控制冲动才能保持理性 // 118
3. 我只是我：记住，没有人是宇宙的主宰 // 121
4. 迷惘青春：少年看守所——迷惘青春的栖息地 // 124
5. 欺凌人生：校园霸凌现象，为何愈演愈烈 // 127
6. 性教育缺失：冒险性性行为，校园里的"桃色事件" // 130

爱护篇
——青少年自残的6个警醒案例

1. 自残之殇：当自残成为一种要挟 // 134
2. 我的伤害：自我伤害的病理性原因不容忽视 // 137
3. 流行自残：自残就像重感冒，极具传染性 // 140
4. 抑郁挽歌：抑郁症，青少年心中的哀歌 // 142
5. 我与环境：青少年自残，也许是受到环境影响 // 146
6. 绝望之巅：自杀，再也无法弥补的绝望 // 149

激进篇
——青少年犯罪的6个案例解读

1. 成人诱惑：抽烟，真的意味着成长吗 // 154
2. 安全意识：即使人高马大，也要保护自己 // 157
3. 我要刺激：酒精的诱惑真的那么大吗 // 161
4. 不归之路：犯罪——一条人生的不归路 // 163
5. 吸毒欲望：不要用毒品来挑战人性的软弱 // 165
6. 麻花人生：较劲的人生——青少年心理扭曲的根源 // 168

游戏篇
——青少年网瘾的6个借鉴案例

1. 暴力欲望：血腥和暴力，网络游戏的副产物 // 172

2. 我的自律：青少年为何会上网成瘾呢 // 174

3. 我的逃避：游戏，是青少年的世外桃源地 // 177

4. 低头家族：如果爸爸妈妈都是低头族 // 180

5. 巨大的网：无处不在的网——互联网的通天之手 // 183

6. 疯狂人生：不疯狂不成魔——游戏世界里的悲喜人生 // 186

| 爱情篇 |
——青少年恋爱的6大案例评鉴

1. 我的烦恼：少年维特之烦恼 // 190

2. 怦然心动：预防早恋要未雨绸缪 // 193

3. 生命之重：早孕的苦果是生命不能承受之重 // 197

4. 学会拒绝：教会青少年拒绝异性的求爱 // 199

5. 陪伴力量：陪伴青春期的少年一起失恋吧 // 203

6. 同性爱恋：青少年的同性恋倾向 // 206

| 大学篇 |
——青少年大学的8大人生启示

1. 我的心情：充满阴霾的天空，让心能拧出水来 // 212

2. 生命之思：大学校园中，自杀率为何持续攀升 // 215

3. 我与同学：大学生之人际关系的困惑 // 217

4. 焦虑来袭：当焦虑情绪不断蔓延 // 220

5. 勇敢直面：与其逃避竞争，不如形成核心竞争力 // 223

6. 创业之举：大学生创业，让人生先一步起飞 // 226

7. 先苦后甜：厚积薄发，也不失为明智的选择 // 229

8. 把握时机：为何机会总是擦肩而过 // 231

后记：每一个用心的父母都曾经深感失败 // 234

觉醒篇
——青少年成长的7大行为轨迹

  孩子在成长的过程中有两次断乳期：一次是年幼时断开母乳，开始吃五谷杂粮，人间百味；一次是进入青春期，尤其是12~16岁之间的青少年，进入心理断乳期。在这个期间，少年的学识增加，阅历更丰富，个体不管是从生理还是心理上都进入快速发展阶段，独立性越来越强，心思越来越重，不再完全依赖父母，愿意自己独自行走人生。

1. 我要独立：
独立行动，不再当父母的"跟屁虫"

从12岁开始，孩子们开始进入心理断乳期。12岁，正是孩子们进入初中的转折点，不仅在学业上面临巨大改变，孩子的身心也进入快速发展的阶段，因而孩子越来越独立，自我意识彻底觉醒。在此期间，孩子学习到更多的知识，人生经验也变得越来越丰富，因而不再愿意当父母的"跟屁虫"，喜欢一个人独自行动，或者与同学相伴而行。

曾经，孩子过生日的时候，只要吃生日蛋糕，或者在父母的陪伴下去吃肯德基、必胜客，就会觉得很开心。然而，曾几何时，孩子不愿意再与父母一起过生日，而是想与同学一起过生日。每当出门的时候，孩子也不想再和父母结伴而行，而是要自己一个人四处走走。在这种情况下，不是孩子觉得不适应，而是父母觉得难以面对。由此可见，不是孩子离不开父母，而是父母离不开孩子。因而作为父母，一定要尊重渐渐长大的孩子，学会放手。要知道，哪怕父母的爱再深沉，也无法始终陪伴在孩子的身边，更不可能照顾和保护孩子一辈子。所以明智的父母爱孩子，更懂得适时放手，给予孩子更大的独立空间。

整个小学期间，因为亿航都长得比较瘦小，也因为男孩子的心理发育比女孩子晚，所以爸爸妈妈始终都把亿航当成小孩子对待。每天，不管是上学还是放学，爸爸妈妈哪怕工作再忙，也必然要有一个人抽出时间接送他。也因为家离得比较远，回家还要坐公交车，所以虽然五六年级期间亿航几次提出要自己独立上学和放学，但是爸爸妈妈都没有同意。

转眼之间，亿航已经是初一的学生了。学校离家更远了，爸爸妈妈甚至做出决定，即让妈妈辞掉工作，专门负责接送亿航。然而，开学才一个月，亿航就不愿意了。他每天下午放学，看到等候在学校门口的妈妈，都觉得很不高兴，眉头皱起。妈妈问亿航："你怎么了？在学校里有不开心的事情吗？"亿航极其不满地说："妈妈，你以后能不能不要来接我了，我会自己坐公交车回家的。"妈妈当即否定："那怎么行，咱们家离得很远啊！"亿航说："我们班里有很多同学的家，离得比咱们家还远呢！但是他们从小学五六年级就自己上学放学了。现在，班里很多同学都笑话我，说我是还没断奶的小娃娃！"不管亿航怎么说，妈妈就是不同意亿航自己上下学。亿航对妈妈也越来越不满，终于在一天早晨对妈妈歇斯底里地喊出道："如果你再送我，我就不去上学了。"妈妈愣住了："亿航，我可是专门辞掉工作照顾你的，你知道家里经济上多么紧张吗？"亿航不以为然："但是，我已经长大了，我就想自己上学和放学。"可想而知，妈妈和亿航之间爆发了一场争吵。

妈妈发现，亿航不仅不愿意被她接送，而且还不愿意和他们一起外出了。他先是申请自己独立去家附近的书法班上课，后来又申请去更远的超市购物，最终居然不管去哪里都不愿意父母跟随。他的原则就是如果爸爸妈妈跟着，他就不去了。妈妈只好与爸爸商量该怎么办，爸爸看着似乎一夜之间长高了很多的亿航，说："哎，孩子长大了，想要自己飞了，由不得我们了。这样吧，给他配备一个定位手机，先让他自己上学和放学吧，不过，一定要做好安全教育，要让他先经过考核，才能自己独立上学和放学。"就这样，爸爸妈妈无奈地接受了亿航独自上学和放学的事实。从此，亿航经常与家附近的同学结伴而行，觉得开心极了。

——案例来自爱普生涯青少年生存能力成长中心

　　随着孩子渐渐长大，他们也变得越来越想摆脱父母为他们支撑起的一片天，越来越不愿意在父母的保护和照顾下成长了。他们的自我意识彻底觉醒，也拥有了"反抗"的力量，不愿意再当需要人照顾的小宝宝。他们非但不愿意当父母的跟屁虫，甚至在很多事情的选择上也越来越有主见，例如为自己购买什么样的衣服和鞋子，为自己报名参加哪些课外辅导班，这都是孩子想要表达自主的领地。

　　孩子一旦进入青春期，独立是他们的最大愿望，他们不再依赖父母和老师，而愿意更多地亲近同龄人，从而与同龄人之间建立起平等、尊重的关系。他们要不断寻找和建立自己的人际相处之道，他们愿意独自撑起自己的天空，也从此尽情享受独立自主的生活。因而父母不要一味地限制和管束孩子，而应该知道孩子总会长大，无论如何，父母不可能陪伴他们一辈子。明智的父母会教会孩子如何自在独行，支持孩子展开独立行动，这样就会得到孩子的信任和尊重。

2. 我的心思：
孩子的心思你别猜，猜来猜去也猜不明白

孩子进入青春期之后，不但独立性增强，不愿意再作为父母的附属品出现，而且还更多地喜欢与自己的同龄人相处，开始不喜欢和父母说心里话。这一点，相比起前者，更是让很多父母抓狂。父母无论如何也想不明白，为何原本一出了校门，小嘴就叽里呱啦说个没完的孩子，突然之间变成了一个闷葫芦。以前是父母觉得孩子啰唆、烦人，不让孩子说得太多，如今却是父母迫不及待地想听孩子的心声，孩子却完全放弃表达，哪怕父母询问，他们也什么都不想说。突然之间，孩子与父母之间似乎失去了沟通的桥梁。父母看着一夜之间长大的孩子，却不知道他在想什么，更不知道他要做什么。这样一来，父母当然会感到很失落。

其实，对于青春期的孩子而言，关闭心门，不愿意把自己的所有心思都告诉父母，是很正常的现象。毕竟孩子长大了，不可能事无巨细的都向父母汇报。随着与同龄人交往的增多，他们也开始拥有小秘密，并且他们更愿意与同龄人交心。尤其是很多父母并不能理解孩子的想法，即使在了解孩子的真实感受和观点后，也对孩子所说的一切表示否定和反对，这也会导致孩子更不愿意与父母交流。这种现象在亲子关系中非常普遍，当孩子一次又一次在父母那里感受到失败和挫折，就会渐渐地疏远父母，直至

彻底关闭心门。从以上这两个角度而言，父母既要尊重理解孩子保守自己的秘密，也要尊重孩子的选择，这样才能赢得孩子的信任，与孩子之间构建如同朋友般亲密无间的关系。

正在读初三的米佳是个品学兼优的好孩子。一直以来，她学习成绩在班级年级都是名列前茅的。为此，爸爸妈妈对米佳寄予了殷切的期望，他们也早早地为米佳规划好了人生之路：重点高中——名牌大学——考研究生或者出国深造。正所谓爱之深责之切，爸爸妈妈不仅对米佳呵护备至，也对她要求严格，决不允许米佳有任何差错。

有一段时间，米佳迷恋在网络上写小说，而且她还有了很多粉丝。因为写小说耽误了太多的时间和精力，米佳的学习成绩大幅下降，从班级里的中等生变成了中下等学生。爸爸妈妈对此无知无觉，直到期中考试之后召开家长会，他们才了解米佳如今的学习情况。回到家里，妈妈怒气冲冲，当即没收了米佳的笔记本电脑，而且还责令米佳在中考结束之前再也不许在网上写任何字，不许更新小说。原本相对开明的爸爸看到米佳学习成绩下滑，也和妈妈站在统一战线上。米佳伤心极了，她最大的兴趣就是写小说，而且她的小说人气那么旺，怎么能就放弃了呢！每到周末的时候，米佳借口去找同学做作业，会悄悄地把小说更新。有一次，爸爸妈妈正好周末加班，米佳也想趁此机会更新。然而妈妈临时回家，发现米佳正在写小说，母女俩爆发了世界大战，吵得不可开交，妈妈一气之下还把电脑砸坏了。米佳冲动地跑出家门。直到深夜，爸爸才在公园里找到她。米佳告诉爸爸："我不想回家了，觉得快要窒息了，连在网上写小说发泄自己都不行，我不想学习了。"看到米佳沮丧和受伤的样子，爸爸意识到妈妈的做法也许有问题，因而向米佳保证："我去做妈妈的工作，如果以后周末你先完成作业，可以有半天的时间自由安排做自己喜欢的事情，好吗？"米佳绝望地摇摇头："妈妈不会同意的。"爸爸心疼的把米佳抱在怀里说："妈妈会同意的，我保证。"费了九牛二虎之力，爸爸才把米佳劝回家。之后，爸爸严肃地和妈妈就米佳的教育问题展开交流。妈妈也意识到女大不由娘，知道继续这样强权会导致更严重的问题，这才有意识地改变教育方法。

——案例来自爱普生涯青少年生存能力成长中心

当父母对孩子冷嘲热讽、或对孩子的行为表示不理解和坚决反对时，最终的结果就是孩子再也不愿和父母敞开心扉、诉说自己的心里话。他们或者放弃自我、随波逐流，或者采取出格的办法向父母示威及抗议，也或者从此保持沉默，以无声的方式表达对家庭教育的绝望。不得不说，这样的方法不是教育孩子的好方法，甚至是对于青春期的孩子而言，高压政策一定会让孩子们彻底关闭心扉，不愿意与父母进行任何交流。

交流是人际相处的重要方式，也是人与人之间的桥梁。一旦缺少交流，人与人之间就无法相互了解和理解，自然无法和谐相处。明智的父母知道，尊重孩子、给予孩子平等的对待，才能让孩子信任父母，打开心扉向父母倾诉。记得朋友圈里曾经流传一句话，意思是说父母的最高境界就是让自己活得更好，从而在精神上引领孩子。不得不说，这样的境界是很难达到的，也是为人父母者值得穷尽一生去追求的。所谓引领，是给孩子树立楷模，从而让孩子主动学习，而绝不是高压强制要求孩子怎么做，这样反而会激起孩子的逆反心理，使父母与孩子的相处陷入被动之中。

面对青春期的孩子，父母最重要的是改变心态，不再把孩子当成是年幼无知的小孩子对待，更尊重孩子，也学会给予孩子自主思考和选择的权利，从而符合孩子不断成长的状态，也更加满足孩子的心理和情感需求。

这样一来，父母了解孩子、指引孩子，也会成为孩子的亲密陪伴，而无需靠着猜测去揣摩孩子的心意。

3. 我与父母：
　　父母与子女之间的一场修行

龙应台在《目送》中，描述了好几个母亲目送孩子渐行渐远的情形，做母亲的牵肠挂肚，而孩子却离开的很决绝，甚至连头也没回，同路也不愿意搭乘母亲的车。在文章的后半部分，描述了做为女儿目送父亲的情形，也包括最后一次目送去世的父亲入土为安的情形。最终，龙应台写道："我慢慢地、慢慢地了解到，所谓父女母子一场，只不过意味着，你和他的缘分就是今生今世不断地在目送他的背影渐行渐远。你站立在小路的这一端，看着他逐渐消失在小路转弯的地方，而且，他用背影默默告诉你：'不必追。'"看到这样的文字，父母的心中未免惆怅，作为子女，又何曾能够体会父母心中的失落和欣喜交加的微妙感情呢？

正如龙应台所说，父母与子女之间的一场修行，就是渐行渐远。进入青春期之后，孩子的人格更加独立，随着知识不断丰富、人生阅历增长，孩子想要成为"大人"，不但行为上与父母疏远，而且精神上也日渐独立。因此面对孩子青春期的叛逆，很多父母在苦恼的同时，也觉得非常纠结：一则，他们想让孩子尽快长大成人，能够独立飞翔，二则当看到孩子渐渐远离自己，又觉得怅然若失，不知道曾经黏在自己身边的小屁孩为何一夜之间就长大了。这就是父母面对孩子成长的矛盾心理，然而他们归根结底要承受这样的失落和空空荡荡，欣慰地看着孩子渐行渐远。曾经有人说，并非孩子离不开父母，而是父母离不开孩子。从某种意义上说，这样的表达是很有道理的。年幼的孩子初入幼儿园，在幼儿园里高兴地玩耍，父母却在家里坐立不安，不知道孩子是否还在因为离开父母而哭泣，不知道孩子是否吃好玩好已经睡午觉了呢？常言道，儿行千里母担忧，母行千里儿不愁，从某种程度上也反映了日常的亲子关系。

  周日上午，爸爸起床之后喊儿子小磊一起去附近的商场里买运动服和运动鞋。小磊蜷缩在温暖的被窝里，不愿意起床。等到爸爸来喊第二遍的时候，小磊说："你是想让我丢人吗？我不能自己去买吗？我有个同学家就住在商场附近，他看见之后全班同学都会知道，非得笑话我。"爸爸说："你怎么知道该买什么样子的啊，而且万一你买贵了怎么办？"小磊不以为然："你要是觉得我买贵了，我就自己出钱，不用你的钱，行了吧？我都多大了，还要跟你一起去买衣服鞋子，同学们非得说我是弱智。"

  虽然爸爸很想像往常一样和儿子一起去买衣服和鞋子，一起看电影、吃午饭，但是小磊拒绝接受爸爸的好意，坚持要自己去。后来，不管做什么事情，小磊都不愿意和爸爸相伴而行，这使得爸爸不止一次感慨："哎呀，儿子曾经是我的跟屁虫，没想到现在我变成了被儿子拒绝的跟屁虫。"以前，不管遇到什么难题，小磊也会和爸爸说。但是如今，爸爸故意和小磊搭讪，他也不愿意和爸爸说自己的心里话。爸爸失落极了：我与儿子到底怎么了？

——案例来自爱普生涯青少年生存能力成长中心

  对于青少年而言，当走出家庭的小天地，开始尽情地游览和观赏大千世界，他们很容易把家里望眼欲穿的父母抛之脑后。这一点，从许多大一学生身上的表现就可以得到验证。每年大一开学，许多新生都会因为初次离开父母，缺少独立生活能力，所以对父母日思夜想。等到一个学期过去，他们就算放假了也不想回家，要和同学结伴而行去旅游，或者四处做兼职，增加社会体验。这种情况下，思念从某种意义上变成了单相思，空巢的父母每时每刻都在思念孩子，却不得不压抑自己，告诉自己不能再束缚孩子，而只能留在家里等着孩子的归来。

总而言之，孩子的成长是不以任何人的意志为转移的。很多独生子女家庭中，父母面对孩子长大的现状觉得空落落的。但是，哪怕他们无比眷恋孩子小时候对自己的依靠和信赖，孩子还是会义无反顾地长大。实际上，为了让自己不至于那么担心和失落，父母首先要抓住生活中的很多机会提升孩子的自理能力，这样等到孩子长大了，独立了，父母至少不会因为担心孩子无法照顾自己而夜不能寐。其次，父母要跟上孩子成长的脚步，和孩子一起成长。很多父母始终把孩子看得很小，这样一旦发现孩子要离开自己总是无法接受。如果在孩子成长的过程中，父母随时感受到孩子点点滴滴的成长，那么父母就能伴随孩子一起长大，也循序渐进地接受孩子渐行渐远的事实。大自然中，老鹰会残忍地锻炼雏鹰飞行的能力，鹿妈妈在生下小鹿之后也会迫不及待地踢着小鹿勉强支撑四蹄站起来，这是因为生存环境险恶，妈妈们都知道唯有让孩子尽快把握生存技能，才能避开危险。人类社会中，虽然爸爸妈妈可以照顾孩子长大，但是一味地宠溺孩子也会导致孩子不能自理，唯有有意识地培养和锻炼孩子，才能放心地看着孩子走远，走到属于他们的广阔人生天地中。

4. 我的世界：
　　我的耳朵开始有了过滤器

在传统的教育观念中，很多父母最满意的就是孩子很听话，对父母言听计从，而且绝无异议。然而，所谓听话的孩子在现代教育观点下来看，父母对于孩子的教育非但不成功，反而堪称失败。一个绝对听话的孩子，就是好孩子吗？恰恰相反，过于听话的孩子往往是盲目听话，也缺乏自己的想法和主见，因而并不是成功教育的优秀成果。相反，真正成功的教育，要让孩子形成自己的独立意识和主见，而且要让孩子有勇气坚持自己的想法。遗憾的是，现实生活中，还有相当一部分父母都盲目要求孩子听话，对孩子的任何不同意见都无法接受。这看似是父母的教育观点出现了问题，实际上是父母对孩子的教育目标彻底错了。

尽管孩子因父母来到这个世界上，但是孩子并非是父母的附属品，小时候孩子自立能力较弱，也会更加崇拜和信任父母，但是随着孩子渐渐长大，尤其是进入青春期之后，他们的自主意识彻底觉醒，也感受到自己的力量不断增强，因而他们压根不愿意继续当父母的附属品。实际上，在实行开化教育的家庭中，才几岁的孩子就会有鲜明的自主意识。在这种情况下，父母千万不要打压孩子，而要积极地引导孩子，帮助孩子发展自主意识，成为有独立精神和人格的人。著名的童话大王郑渊洁，从未教育自己的孩子要听话，更没有采取所谓的高压政策对待孩子。相反，他总是能够把孩子当成自己的朋友，允许孩子表达不同的意见，也允许孩子拥有自己的想法和独特见解。

很多父母会发现青春期孩子的原本对自己言听计从的孩子突然间就像耳朵里塞了棉花，对自己的话充耳不闻。而且，有的时候孩子的耳朵里好像是安装了过滤器，对父母的话想听的就听，不想听的就不听。这到底是为什么呢？实际上孩子的耳朵并没有任何变化和改变，这一切的改变只是因为他们有了自己的想法，所以不愿意继续对父母言听计从、无条件服从。父母必须意识到，从此刻开始，孩子长大了，和以前不一样了。

秋天到了，学校里组织秋游，已经六年级的乐乐仍然觉得很兴奋，毕竟可以和同学们在一起尽情玩耍一天，而无需考虑紧张的学习，这对于他而言也是难得的好机会。老师三令五申不许同学们带贵重的物品，诸如手机或者平板电脑，妈妈也再三和乐乐强调。然而，第二天去秋游，乐乐不仅带了100元零花钱，还带了苹果手机。最糟糕的是，因为玩得高兴，乐乐的苹果手机丢了，他情急之下四处找手机，脱离了大部队，最后老师慌了神，不得不喊来其他老师一起四处找人。

找了大概半个小时，老师也没有找到乐乐，只能通知了乐乐的爸爸妈妈。爸爸妈妈听说乐乐走丢了，吓得魂飞魄散，当即驱车赶往学校秋游的地方。快到的时候，老师打来电话，说找到乐乐了，爸爸妈妈这才放心。原来，乐乐发现手机丢了，心里着急，就自顾自的找手机去了。老师狠狠批评了乐乐一通，看到爸爸妈妈来了，还埋怨爸爸妈妈没有强调不让带贵重物品的事情。爸爸妈妈也很委屈，妈妈更是为自己辩解："我昨天晚上嘴皮子都磨破了，让他不要带手机。他当时也点头答应，谁知道心里这么有主意呢！"妈妈气急败坏地问乐乐："妈妈说的话是放屁吗？你怎么不听呢！"乐乐似乎没有意识到自己给大家带来的惊吓，振振有词地说："我是为了给同学们拍照才带手机的，我的几个好朋友手机都不能拍照，我们商量好了，由我带手机。"妈妈哭笑不得："哦，还是商量好的，原来你压根就没打算听妈妈的话。"乐乐笑着说："我也听话了，你看我还带了湿纸巾、消毒洗手液，这不都是你让我带的嘛！"妈妈无奈地摇摇头："要是人丢了，咱们家就完了，你还跟没事人一样。"乐乐说："哎呀，我找到手机之后不就可以给你们打电话了嘛！"看到乐乐这么说，老师也一时语塞，很久才说："在人身安全面前，手机不重要。手机丢了事小，人丢了就麻烦了。以后，有任何情况先找老师，一定不要掉队。听到了吗？"乐乐这才点点头，说："知道了。"

——案例来自爱普生涯青少年生存能力成长中心

对于十二岁的半大小子而言，也许并不知道何为危险，他们对于很多危险都没有明确的意识，所以才会放纵自己，无视纪律。事例中的乐乐，显然就是在耳朵上安装了过滤器。他对于妈妈所说的话，愿意听的就听到心里，不愿意听的就坚持自己的想法，也不反驳妈妈，省去了与妈妈唇枪舌剑的烦恼。面对青春期的孩子，很多父母都会有这样的困惑，他们不知道为何孩子会突然从乖乖宝变成叛逆大王，而且还对父母的话充耳不闻或听若未闻。这就是孩子的自主意识觉醒的表现，当孩子有了自己的想法，而又认为父母的叮嘱是多余的，他们就会选择自动过滤，而不愿意在他们认为无关紧要的事情上与父母争辩，浪费唇舌。

出现这种情况，父母不要一味地向孩子灌输自己的想法，而应该认真倾听孩子的表述，理解和尊重孩子的想法。相信如果孩子从父母那里得到尊重和平等的对待，他们就会变得愿意与父母交流，就像对待朋友那样信赖父母。需要注意的是，父母不要一味地否定孩子，强求孩子听从父母的，否则孩子就会渐渐地关闭心扉，只用耳朵来应对父母的"多此一举"，这样亲子关系就会走向消极，不积极主动了。当然，对于很多孩子有能力应对的事情，父母也要戒除啰嗦，从而给孩子更大的空间自主选择，让孩子感受到自己是生活的主人，是生活的主宰者，引导孩子学会对自己的决定和行为负责。

5. 我的秘密：
　　锁上了抽屉，孩子也关闭了心

很多青春期的孩子都喜欢写日记，对孩子充满强烈好奇心因而导致偷窥欲的父母们，也许会在孩子不在家的时候，偷看孩子的日记，了解孩子的内心。这种行为是不足取的，毕竟日记是孩子的隐私，要想看日记应该征得孩子的同意，但是依然有很多父母会采取这样的方式了解孩子，而且大有屡禁不止的趋势。在感觉到父母对自己的窥探欲望或者是发现父母窥探自己的蛛丝马迹之后，青春期的孩子平白无故的就会给自己的日记上锁，也给自己的抽屉上锁。面对这样的重重保险，父母感到内心深受伤害，因为他们不愿意被孩子拒之门外，也不愿意面对孩子紧闭的心门。

其实，真正成功的父母绝不需要通过偷窥日记的方式来了解孩子内心，相反，高明的父母会以尊重和民主赢得孩子的理解和信任，从而让孩子就像对待朋友一样对待自己、信任自己，不管有什么事情都会第一时间向父母倾诉。不可否认，这样的状态对于孩子而言才是最好的状态，但是要想实现这样的亲子状态，对于亲子关系的主导者父母必然要提出更高的要求。首先，父母要理解和尊重孩子，营造民主的家庭氛围，让孩子意识到父母是平等对待自己的，而且自己也是家庭的一份子，有权利参与家庭事务，这样，他们对于自身的地位才有客观的认识，也因此对父母更加信赖。其次，父母一定要控制自己的欲望，不要偷窥孩子的日记。父母必须记住，孩子之所以选择向日记倾诉，而没有把秘密告诉父母，就说明他们不想让父母知道某件事情。遗憾的是，现实生活中有些父母不但偷窥了孩子的日记，而且冲动之下无法控制自己的情绪，去质问或者指责孩子。这种此地无银三百两的做法，一定会伤害孩子敏感而脆弱的心，导致青春期的孩子变得更加叛逆，也更不信任父母。不得不说，父母这样的处理方式是得不偿失的，也会导致孩子对父母更加疏远和质疑。

    作为一名优秀老师，乔老师把班级里的孩子都教得很好，甚至有一些孩子把她当成朋友或者知心大姐姐，有什么事情哪怕不告诉父母，也愿意向她倾诉。然而在面对自己的孩子时，乔老师却有些束手无措。

    乔老师的女儿小萌也在本校上初中，就在另外一个班级里。也许是因为爱之深责之切吧，乔老师对待小萌从来不像对学生那么平和宽容。哪怕小萌犯下小小的错误，或者是有任何让她不满意的地方，她都无法容忍，更无法敞开心扉和小萌交流。进入初中之后，小萌开始写日记。最初，小萌的日记就放在抽屉里，从不像其他孩子一样藏起来。乔老师虽然是老师，也难以免俗，她和很多爸爸妈妈一样时常偷看女儿的日记。然而，乔老师很清楚，自己对于从日记里看到的内容必须守口如瓶，否则会被女儿察觉，也会导致女儿缺乏安全感，对爸爸妈妈心生戒备。为此，一直以来，乔老师不管在日记里看到什么，都对小萌绝口不提。然而，这一天，乔老师看到日记后不由得大吃一惊，原来小萌在日记里写道，她喜欢上班级里一个男孩，而且那个男孩还给她写纸条了。

如果是纯粹的单相思，乔老师也许没有这么紧张。但是看到小萌和那个男孩即将走到两情相悦的地步，乔老师不由得万分紧张：马上就要升入初三了，这个时候早恋一定会影响学习成绩，并且分散时间和精力。万一再失恋，就更糟糕了。晚上吃饭的时候，乔老师努力装作一切正常的样子漫不经心地问小萌："小萌，你们班级里有早恋的现象吗？"不想，小萌非常敏感，当即狠狠地瞪着妈妈："没有，你怎么想起来问这个问题？"乔老师看到小萌态度尖锐，马上支支吾吾，把这个问题搪塞过去。然而，她到底还是打草惊蛇了。次日，乔老师发现小萌把日记本收到一个带锁的箱子里，把箱子用密码锁上了。这下子，乔老师进退两难，既不敢直截了当问小萌，也失去了看日记的机会。

——案例来自爱普生涯青少年生存能力成长中心

实际上，初中孩子情窦初开，属于正常现象。对于小萌写在日记里的小秘密，乔老师显然有些神经紧张了。如果她能保持冷静，静观其变，也许最终会听到小萌主动倾诉，到时候就可以开诚布公地谈一谈，更好地解决问题。而以偷看日记的方式得知这个惊天大秘密，又忍不住打草惊蛇，是乔老师的失策。

每个青春期的孩子心中都有了更多的秘密，这些秘密他们或者选择向最亲近的家人或者伙伴说出来，又或者选择谁也不说，就这样默默地埋藏在心里。在这种情况下，父母哪怕知道了日记中的内容，也要佯装不知情，才能找到更合适的机会打开孩子的心扉，得到孩子的真心倾诉。当发现孩子的日记上锁之后，父母千万不要去质疑孩子，要知道哪怕是父母也没有权利看孩子的日记，所以父母要尊重孩子，要让孩子在家庭生活中拥有安全感。否则，如果孩子连在家里写日记都做不了，还能逃到哪里去呢？有些父母看到孩子知道日记被偷窥之后的过激反应总是觉得纳闷，因为孩子的日记在他们眼中并没有不可告人的秘密。必须认识到，孩子对偷窥日记变得歇斯底里，并非是因为日记中有秘密，而是因为日记记载了他们不想被任何人知道的情绪和感受。没有人愿意被他人侵犯，哪怕是平淡无奇的日记被偷窥，也意味着一种不尊重和被侵犯，这才是孩子最难以接受的。父母一定要记住，孩子不是父母的私有品，而是独立的人。任何情况下，父母都要尊重孩子，把孩子当成独立的个体对待，面对孩子的日记，不管是上锁的还是没有上锁的，父母都要保持距离，更不要无端窥视。尤其是对于日记不上锁的孩子，父母更要珍惜孩子不设防的状态，千万不要因为好奇做出伤害孩子的窥探之举。从本质上来说，父母与孩子的关系也是普通人际关系的一种，而任何人际关系都要以相互尊重为基础。

6. 我的叛逆：
孩子为何总是对叨扰抓狂

　　青春期的孩子会突然变得沉默，或者关闭心扉，不愿意再像小时候一样主动与父母交流。在这种情况下，父母不知道孩子心里想什么，总是心急如焚，也就总是对孩子不停地询问。问得多了，孩子未免觉得厌烦，因为这个时期的他们不希望被打扰，而希望自己能够独处。父母的询问很有可能无法得到孩子的正面回答，反而还会引起孩子的逆反心理，导致孩子对父母更加闭口不言，起到了事与愿违的作用。

实际上，对于青春期的孩子而言，逆反心理是很强的。父母如果想了解孩子，一味的询问，还不如多多观察孩子。如果看到孩子没有异常，那么就不要过多打扰孩子；如果看到孩子有异常举动，要深入观察和了解，这样才能做到有地放矢。尤其是当发现孩子面对一些难题时，如果觉得孩子有能力解决，而且孩子也没有主动求助，那么父母不妨保持密切关注。否则，如果父母再把孩子当成小孩子对待，嘘寒问暖，或者问个没完没了，孩子一定会心生厌烦，也就会出现对父母的唠叨抓狂的现象。

进入初中之后，作业明显变多了。乔老师发现她的女儿小萌，几乎每天晚上都要九十点钟才能完成作业。小萌就在乔老师任教的初中读书，只不过不在乔老师的班里而已。所以，乔老师对于小萌的情况一直很了解，有的时候就算乔老师不问，小萌的任课老师在课间的时候也会和乔老师说起小萌的情况。

自从几天前，小萌每天写作业都要到夜里十一点半，甚至十二点。乔老师着急起来：睡得这么晚，第二天上课哪里有精神呢！乔老师一直忍着没有质疑小萌，直到第三天，乔老师忍不住，问小萌："你最近作业都这么多吗？要写到夜里。你和我说说，到底是什么情况？"乔老师的语气里带着急迫，小萌很敏感，马上就不乐意了，带着不想交谈的口吻说："就是作业多，没情况。"乔老师不由得着急起来："我不相信你们作业这么多，要不我问问你们老师！"小萌也生气起来："你不是有这个便利条件嘛，那你还问我干嘛，你直接去问我们老师呗！"乔老师很生气："你这是什么态度？！"小萌白眼一翻："我就是这个态度，你不想问我就去问老师，随你便！"就这样，乔老师气鼓鼓回到卧室，和小萌爸爸说起这件事情，爸爸想了想说："我觉得你可以观察她，不要动不动就质疑她，更不要威胁她要去问老师，这样她会抵触。虽然你工作上有便利，我反倒觉得我们更应该像普通父母那样对待孩子学习，而不要借着职务之便对孩子全方位监控。"爸爸的话让乔老师渐渐恢复平静，的确动辄就把孩子家里和学校的事情全都抖落在一起，孩子就没有任何隐私可言，也会觉得没面子。次日，乔老师认真观察小萌写作业，也与小萌约法三章：不许走神、不许分心，要全力以赴、专心致志写作业。果然，小萌的效率有所提升，晚上十点就完成了作业。

——案例来自爱普生涯青少年生存能力成长中心

青春期的孩子自尊心很强，感情也很敏感、脆弱。事例中，小萌敏感觉察到妈妈语气中的不耐烦，因而立刻排斥和抗拒。实际上，小萌的爸爸说得很有道理，妈妈作为老师虽然有条件全方位了解和监控孩子，但是还是应该尊重孩子，不要让孩子总是觉得自己被监控，没有任何隐私可言，否则孩子很有可能产生逆反心理，更不愿意与父母交流。此外，还要注意不要总是询问孩子，要知道孩子并不是机器人，不可能保证每天都按照相同的程序完成每一件事情，按部就班地生活。唯有给予孩子更大的自主空间，在保证孩子安全的情况下，让孩子自己选择、自己承担、自己安排，孩子才会感受到自身的主观能动性。

其实，除了语言上的询问之外，还可以采取"文字沟通"的方式与孩子交流。因为语言沟通，一旦语气、声调等控制不好，就会让孩子陷入敏感，影响沟通效果。和语言相比，文字则显得相对冷静，也能控制好沟通的诸多因素。例如父母可以与孩子共用一本日记，在日记上记载心情或者困境，以这样的方式沟通。如果没有亲子日记，也可以采取写小纸条的方式沟通。当然，如今的文字沟通方式更多，诸如通过微信、QQ等，都能避免情绪激动时当面沟通的冲突或者误解，不失为缓和的亲子方式。

7. 我的青春：
孩子喜欢和父母一起"想当年"

　　孩子小时候，父母对于孩子的关心大多数都在生活方面。然而，随着孩子不断成长，从背起书包去幼儿园，到成为一年的小豆包，再到进入初中开始紧张忙碌的中学生涯，父母对于孩子的关心渐渐地变得越来越狭窄，甚至有些父母只要和孩子说话，就三句不离学习，导致孩子对父母的话心生厌倦，也越来越排斥与父母交流。

　　实际上，孩子的生活依然多彩，父母对孩子的关心应该涉及孩子成长的方方面面，而不要总是一味盯着孩子的学习。遗憾的是，尽管大多数父母都知道孩子不能成为书呆子，但是他们对于孩子的关心却始终局限于学习，也导致亲子沟通遭遇障碍，无法顺利进行下去。明智的父母为了与青春期孩子对话，会从孩子感兴趣的话题着手，让孩子有兴致继续交谈下去。为了拉近与孩子之间的距离，有的父母还会和孩子一起回忆当年，把自己在成长过程中曾经遭遇的囧事告诉孩子，从而与孩子心贴着心，交流顺利。细心的父母会发现，大多数孩子一旦听到父母说起自己曾经的囧事，就会马上兴致浓厚，甚至与父母之间的关系突然间变得柔软起来，甚至他们还会因为父母的成长囧事而哈哈大笑，也敞开心扉向父母诉说自己的囧事呢！一切的交流中，真诚就是第一原则，而父母的"想当年"恰恰向孩子表现出自己的真诚，自然也就会得到孩子及时友好的反馈了!

自从进入初一,对于体育课抓得更紧了。毕竟高考的时候,体育是算分数的,因而上到老师,下到家长,对于体育课都空前重视。然而,小雅从小就身体很弱,是个名副其实的"豆芽菜",风一刮就要倒地似的,为此小雅的体育成绩始终在班级里倒数第一。每次上体育课之前,小雅都很担心自己再次被老师批评。

这一天,妈妈顺路接小雅放学。一路上,妈妈看到小雅愁眉苦脸的样子,关切地问:"小雅,是不是学习上有什么困难,需要妈妈帮助吗?"小雅愁眉不展地说:"明天又有体育课,还有四百米测试,我又要成为大家嘲笑的对象了。"妈妈不知所以:"你不是最喜欢上体育课吗?可以不用写作业啦!"小雅说:"那是别人。你看看,我这么瘦弱,体育成绩那么差,总是被批评,还有什么心情享受体育课的片刻清闲啊!"妈妈不由得噗嗤笑出来,说:"闺女啊,你这是随了我了!你知道吗,我初中的时候特别瘦,比你还得轻十斤。真的,每次刮大风,你姥姥姥爷都会去校门口等着接我,因为他们怕我被风刮跑了。"小雅也忍俊不禁道:"真的会被刮跑吗?"妈妈点点头,说:"真的,有一次我被风刮倒了,不过那次风真的很大。"小雅又问:"但是,妈妈,你现在很强壮啊!"妈妈笑着说:"是啊,这都要感谢你姥爷。他从我被风刮倒之后,就坚持带我跑步、爬山等,渐渐地,我的胃口越来越好,体质也越来越强了。"说完,妈妈问小雅:"要不,妈妈也陪你锻炼,好不好?跑步都是练出来的,我中考的时候体育成绩是满分呢!"小雅重重地点点头:"其实,我也早就想锻炼了。但是我太懒惰了,早晨就想躲在被窝里。"妈妈说:"没关系的,你上学这么累,早晨也要多睡一会儿。妈妈周末的时候带你锻炼。周一到周五,也抽出一个下午,在放学之后锻炼,这样就不影响你休息了。"小雅这才放下心来,说:"好的妈妈,我一定会坚持的。"

——案例来自爱普生涯青少年生存能力成长中心

妈妈说起自己当初是个"豆芽菜",彻底打消了小雅的疑虑和困惑。原来,自己并不是因为身体弱,而是遗传了妈妈的苗条啊。这就使小雅放松了,也就不把体育成绩不好的事情放在心上了。最重要的是,她与妈妈相谈甚欢,让妈妈了解她心中的苦恼和困惑,也就让妈妈可以有的放矢地帮助她。

在亲子关系中,最糟糕的不是爸爸妈妈不能帮助孩子,而是孩子不愿意把心中的苦恼说出来。尤其是对于自己弱势的地方,孩子也是很要面子的,更不愿意说出来,生怕丢了面子。这种情况下,如果父母能够先说出自己的囧事,那么孩子就会感受到父母的信任,因而放松心情,对父母敞开心扉,暴露问题,也就能圆满解决问题。所以,明智的父母会用自己的亲身经历向孩子表明沟通的态度,也会为良好的亲子沟通奠定基础,营造和谐融洽的氛围。

修炼篇
——青少年必经的8大心理历程

随着年岁不断增长，孩子们的心思越来越重，内心也越发敏感。他们渴望得到尊重，渴望获得成功，而不愿意遭受各种挫折和失败。然而，挫折和失败是人生的必修课，正所谓不经历风雨，怎能见彩虹，人生也需要经历各种历练和磨难，才能走向成熟。

1. 我要尊重：
你根本就不尊重我

　　人际相处中，尊重是前提条件，一个人要想赢得他人的尊重，首先要尊重他人。然而，很多父母都误以为亲子关系中不需要尊重，甚至觉得孩子是自己生出来的，是自己辛辛苦苦养大的，因此自己就有资格对孩子颐指气使，也有资格对孩子居高临下。殊不知，孩子虽然因为父母来到这个世界上，但是孩子并不是父母的私有物品，更不是父母的附属品。不管在什么情况下，父母必须尊重孩子。否则随着孩子渐渐长大，逐渐独立，他们最终会对父母越来越疏远，甚至因为得不到尊重而憎恨父母。

　　青春期的孩子正处于身心快速发展的特殊时期，人格渐渐独立，行为逐渐疏远父母，就连感情上也有了更独立而又强烈的需求。他们渴望以平等的姿态面对父母，因而哪怕父母表现出对他们的小小不尊重，他们也会有强烈的反应，甚至为此而与父母歇斯底里地大吵大闹。父母对此也许觉得不理解，然而，马斯洛需求层次理论告诉我们，人的需求总是由低至高的，当低级的需求得到满足，人们理所当然就会追求更高层次的需求，孩子的成长也恰恰遵循了这个需求规律。表现在具体的行为上，孩子们会特别爱面子，甚至把面子放到非常重要的位置上，不管做什么决定或者做什么事情，都以照顾自己的面子为首要原则。不得不说，爱面子的孩子被面子绑架了，而作为父母，却要理解孩子在这个特殊阶段的心理需求，首先给予孩子面子上的满足。

周末，爸爸妈妈要带着菁菁去做客，菁菁高兴极了，赶紧把自己最漂亮的裙子找出来穿上。到了亲戚家里，菁菁和久未谋面的表哥表姐玩得不亦乐乎，表哥表姐也都纷纷表示欢迎菁菁经常来家里做客。

吃午饭的时候，兴奋的菁菁告诉爸爸："表哥表姐邀请我下个周末再来家里玩，我也很愿意去呢！"爸爸看着菁菁，笑了笑，突然说："表哥表姐还要学习呢，再来就打扰他们学习了。"菁菁解释："我们说得是周末！"爸爸不以为然，说："我当然知道你们说的是周末。不过，表哥表姐周末也是要学习的。他们学习成绩很好，也特别努力，可不像你，考试总是在班级里倒数，一到周末就疯玩了，完全把一周学到的知识都还给老师了。"听了爸爸的话，菁菁突然觉得很羞愧，她的脸涨得通红，而且眼睛里充满了泪水，气的都说不出来话了。妈妈赶紧示意爸爸，爸爸却还是大大咧咧地说："哎呦，你这个丫头，学习不好还不许别人说啦！要想不被说，就要向表哥表姐学习，也成为班级里的尖子生啊！"爸爸话音刚落，菁菁就哇哇大哭起来，一口饭也没有吃，就叫嚷着要回家。

虽然姑姑一个劲地说爸爸："哎呀，你这个人真是的，孩子好不容易来一趟，说这些不开心的事情做什么呢！况且，孩子也不是故意考不好，我相信菁菁会努力的，以后一定比表哥表姐更优秀。"然而，菁菁丝毫没有继续留在姑妈家里的欲望，妈妈也因为爸爸口无遮拦，埋怨爸爸一通。最后，妈妈带着哭得上气不接下气的菁菁回家了。这件事情过去之后很长一段时间里，菁菁都不愿意和爸爸一起出门做客了。

——案例来自爱普生涯青少年生存能力成长中心

显而易见，爸爸忽视了菁菁虽然只是初中一年级的女孩，但是她的自尊心已经很强了。所以，她才会对爸爸不合时宜地批评她学习成绩不好耿耿于怀，甚至不愿意再和爸爸一起外出了。不得不说，爸爸的做法的确是错的。古人云，人前不训妻，实际上人前也不能训斥孩子，更不能当着外人的面揭孩子的短，否则孩子一定会觉得丢了面子，也因此觉得父母不尊重她。

在父母不经意间，孩子就长大了，从那个不知道害羞的孩子，变成了特别看重面子的少年。作为父母，要想得到孩子的尊重，营造良好的亲子关系，首先就要尊重孩子，给予孩子平等的对待。古人云"己所不欲，勿施于人"，父母能想到自己不愿意丢面子，孩子也同样很爱面子，那么亲子关系就会得到好的改善。否则，孩子很信任父母的话，也相信父母的判断，一旦因为父母对他们的误解而变得毫无信心，可想而知孩子必然无法鼓起勇气做任何事情。尤其是面对孩子的沮丧和失望，父母千万不要对孩子冷嘲热讽，而是要给孩子鼓励，让孩子感受到被尊重、被信赖，这样孩子才能鼓起勇气继续走好艰难的人生之路。

金无足赤，人无完人。哪怕孩子是你们生的，也并不意味着孩子完美无瑕。唯有从容接受孩子的缺点和不足，理智认识到孩子的优点和长处，父母才能避免盲目否定孩子，才能陪伴孩子找到竞争的优势所在，激发起孩子的信心和勇气。尤其是对于那些无条件信任父母的孩子而言，有的时候哪怕是父母一句无心的评价，也会导致他们对自己充满信心或者信心全无。因而，为人父母者，要引导孩子积极地对待所谓的面子，充实自身的实力，从容面对胜负输赢。哪怕孩子不够完美，父母也要首先尊重孩子，从而让孩子不断地超越自我，获得自己的成功。

2. 我不能输：
　　我输了，该怎么办呢

近些年来，提倡赏识教育，主张要少批评孩子，多多鼓励和表扬孩子。实际上，这是为了保护孩子稚嫩的心灵，也让孩子拥有自信和勇气。然而在实际生活中，很多父母一味地赞美孩子，而忽略了孩子应该经受挫折教育。尤其是很多孩子还是独生子女，从小习惯了衣食无忧，在父母和长辈的细心呵护下长大。在这种情况下，孩子必然无法面对挫折，因为他们根本不知道挫折为何物。除此之外，还有的孩子不能面对失败，尤其是不愿意认输。常言道，凡事皆有度，过犹不及。如果孩子面对失败越挫越勇，努力地争取成功，这当然是好事情。但是如果孩子面对失败的时候总是一味地退缩，甚至因此而信心全无，勇气消失，那么孩子很有可能因为眼前的这一次失败就被打倒，导致人生从此退步。

如今，很多父母都把"不输在起跑线上"作为人生的座右铭，也强迫孩子把这句话作为人生信条。不得不说，这句话完全是错误的，因为人生根本没有所谓的起跑线。很多父母之所以督促孩子学习，逼着孩子参加各种各样的比赛，其实是为了自己面子上好看。至于孩子的快乐，他们根本不放在心上。也因为一味地指责和苛求孩子，最终使孩子变得信心全无。不得不说，假如孩子也和父母一样只顾着盯着成绩，那么孩子的人生就毫无快乐可言。正所谓常在河边走，没有不湿鞋的。孩子经常参加竞赛，失败也就成为家常便饭，而明智的父母会引导孩子从失败中汲取经验和教训，努力提升、完善自己，而不是认为孩子一旦失败就变得毫无可取之处，最终导致孩子对一切比赛都心有余悸。我输了，该怎么办呢？这样的疑问不应该成为孩子心头的咒语，而应该变成孩子进步的激励语。语言的转化，对于孩子而言，父母的心态起到很重要的作用。

很多父母性格急躁，面对孩子的失败，他们马上就歇斯底里，甚至打骂孩子。长此以往，孩子就认为父母不爱自己，也会更加无法面对失败。常言道，孩子是父母的镜子，孩子的很多表现都折射出父母的言行举止。作为父母，一定要摆正心态，尊重孩子，积极地引导孩子，才能让孩子从失败中崛起。

自从上次参加数学竞赛没有获得名次，被妈妈骂得狗血喷头之后，希希再也不敢参加任何比赛了。这不，学校里正要推荐选手参加奥数比赛，班主任和数学老师都推荐了希希，而希希就是推脱，不愿意参加。无奈之下，数学老师只好打电话询问希希妈妈相关的情况，希希妈妈丈二和尚摸不着头脑，当即说："怎么能不参加呢！这是好事情啊！您放心，王老师，我一定会要求她参加的。"王老师耐心对希希妈妈说："希希妈妈，参加竞赛是正常学习之余其他的事情，您千万不要强迫孩子，我只是对希希态度的突然转变好奇，因为她以前都是很乐于参加比赛的。"

下班回到家里，妈妈看到希希正在写作业，当即问希希："学校里的数学竞赛，你为什么不愿意参加？你可知道如果你能得奖，对中考很有好处呢！"希希木然地看了妈妈一眼，说："我就是不愿意参加，没什么原因。"妈妈马上火冒三丈："不愿意参加？你知道这样的机会多么宝贵吗？老师让你参加是瞧得起你，难道你想连上次比赛都不如吗？上次虽然没有得奖，但是至少学到了经验。这次，你可不能错过这个机会。如果这次能好好表现，上次的耻辱也就不复存在了呀。"希希抗拒地说："但是，如果我失败了，我又会被你冷嘲热讽，甚至也遭到他人的嘲笑。我不想输掉，我不想再次面对输掉之后的痛苦。"听到这句话，妈妈陷入沉思：原来，希希是因为上次失败留下了阴影。妈妈不由得发愁，也暗自后悔上次在失败之后对希希的批评太过严厉了。

——案例来自爱普生涯青少年生存能力成长中心

因为一次失败遭遇了严厉的批评，希希选择逃避，拒绝参加一切竞赛。这时，妈妈才意识到自己口无遮拦说出的话，是多么伤害孩子的心，也给孩子造成心灵上的创伤。然而，说出去的话如同泼出去的水，更何况水早就已经泼出去了，甚至已经在孩子的心中结疤了。从希希的亲身经历中，我们不难得出一个结论，很多孩子之所以抗拒且无法面对失败，就是因为他们觉得失败是一种耻辱，而不是自我进步的开始。

实际上，孩子从小长到大，起初并不觉得失败有什么大不了的。恰恰是父母的过激反应，导致孩子对失败深恶痛绝，从而也错失了自身成长的好时机。作为父母，当发现孩子过于抗拒输的结果时，一定要避免继续引导或者误导孩子排斥失败。在这个世界上，没有一次又一次的失败，就不可能收获成功，更不可能赢得他人的尊重。在孩子失败之后，父母一定要控制好自己的，避免引起发怒和冲动。客观地了解原因，从而给予孩子更多的选择空间和决定结果。这样主动、积极的态度，才是犯错的孩子真正想拥有的。

3. 我很委屈：
　　面对挑战的委屈少年

　　人人都有趋利避害的本性，孩子也是如此。尤其是处于青春期的孩子，更因为心思敏感脆弱、感情细腻，而不愿意在比赛中遭遇失败。始终顺风顺水的他们，在遭遇失败后就会受到挫折和打击，甚至再也无法鼓起勇气面对挑战。这到底是为什么呢？

　　究其原因，大多数父母如今一味地鼓励和赞扬孩子，忽略了对孩子的挫折教育，这必然导致孩子面对一时的失意一蹶不振。他们在长期顺利的生活中形成了错误的感觉，觉得自己就应该成功，觉得自己是无所不能的，面对任何挑战都能战胜。殊不知，这个世界上绝没有十全十美的人，每个人在人生之中都要不断地提升和完善自己，尤其是要在失意中崛起，弥补自己的不足和缺点，才能不断超越自我，取得质的飞跃。如果一个人不能面对挑战，也无法战胜失败，那么就会彻底覆灭。所以当孩子出现无法迎接挑战的情况时，父母最重要的不是一味地指责孩子胆小如鼠，也不要对孩子恨铁不成钢，要反省自己是否错误地引导孩子面对失败，才会导致孩子如今的止步不前。

　　有很多父母说话的时候完全处于无心，所以不知道孩子为何变得怯懦？寻根究底，当找到孩子面对挑战的沮丧来自于何处，父母才会恍然大悟。也有些父母会看轻自己对于孩子的影响力，因而在面对孩子的言行举止方面也就会随意。殊不知，孩子非常崇拜父母，而且会把父母说过的每句话都记在心中，甚至有些孩子在被父母贴标签之后会信心全无。这为无数的父母敲响警钟：面对孩子的失败，你做好准备了吗？

妈妈一直都为小米在各个方面的杰出表现感到骄傲。小米不仅品学兼优，而且在高中是学生会主席，经常组织校园里的各种活动。高一学期末，小米应老师的提议，要在同学们之间举行一次朗诵比赛。这次比赛先以班级为规模展开预赛，再以学校为单位进行决赛。因为临近期末，小米觉得压力很大，毕竟组织这样大规模的活动不但要耗费大量的时间和精力，也会影响她的学习。然而，既然人在其位，就要谋其政。思来想去，小米还是把这个艰巨的任务承担下来。

在班级内部，因为主动参加比赛的同学寥寥无几，为了起到带头作用，小米主动报名。经过预赛，小米顺利进入决赛，不管是老师还是同学，都瞪大眼睛看身为学生会主席的小米有何表现！小米也感到很紧张，她觉得自己既然是学生会主席，就应该在各个方面表现都要更加突出。在决赛中，小米因为一直忙着组织活动，轮到她上场的时候，她因为紧张导致脑海中一片空白——她忘词了。小米哭着跑下演讲台，特意赶来观看比赛的妈妈也很不满意，指责小米说："你可真是瞎忙，这下子丢人丢大发了。"妈妈的话使小米哭得更厉害了。从此之后，小米辞掉学生会主席的工作，再也不愿意参加学校里的任何比赛。这不，学校里马上要展开征文比赛，原本写作是小米的强项，但是她无论如何也不愿意参赛了。

——案例来自爱普生涯青少年生存能力成长中心

在这个事例中，妈妈的话是非常关键的。如果妈妈能够换一个角度，安慰小米说:"没关系,你能够成功组织这次演讲比赛,已经很了不起了。至于学生会主席,也没有人规定必须要面面俱到,每个方面都出类拔萃啊。你能参与,给大家起到带头作用,就非常好了。而且这次你组织比赛耗费了大量时间和精力,发挥失常在所难免的。"这样的话,一定能够安慰小米,让小米放松心情面对自己的失败,也意识到自己还是有可取之处的。遗憾的是,妈妈的话如同一根针一样刺入小米的内心,导致小米信心全无,再也没有勇气面对接下来的比赛了。

对于青少年而言,也许他们在此前的人生中得到的大多数都是表扬和鼓励,而很少遭遇失败的挫折和磨难。当孩子在人生的道路上初次遭遇挫折和磨难时,父母一定要非常重视,尤其要慎重选择合适的态度对待孩子。父母的激励,也许会给孩子带来信心和勇气;父母的否定,也许会让孩子一蹶不振,从此之后就像泄了气的皮球一样再无勇气。哪怕是曾经非常勇敢的孩子,也会因为父母的不正确对待而导致深受打击,所以父母对孩子的态度好的引导是至关重要的。父母要告诉孩子,没有任何人能够永远成功,失败并不可怕,可怕的是失败之后一蹶不振。如果能够激励孩子勇敢面对失败,真正把失败作为进步的阶梯,继续努力,争取成功,那么孩子就会拥有强大的内心,也能真正做到从容应对人生中发生的一切事情。

此外还需要注意的是,面对孩子遇到的难题,父母一定要正面对待,而不要任由难题困扰孩子,否则孩子就会产生无助感,再次遇到难题时也会情不自禁地畏缩逃避。此外,父母还要避免对孩子寄予过高的期望。现代社会,大多数父母都望子成龙、望女成凤,不管什么事情都要求孩子做到最好,这同样导致孩子心理压力过大,因而造成根本输不起的心态。记住,人生中真正的强者是能输得起的人,而不是只赢得起却输不起的人。因为只有输得起的人,才能坦然应对人生中的失败,也才能把失败变成提升和完善自我的契机。

4. 我要成功：
　　我的成功之母

怎样的孩子才能越挫越勇，从失败中孕育出成功呢？首先，他们要充满自信，因为只有有勇气的孩子才不会被失败打倒，也有勇气面对失败。其次，他们一定是敢于挑战自我的。因为只有敢于挑战自我，他们才能把握住更多的机会，更加全力以赴，他们成功的概率自然大大提升。如今，有很多孩子都缺乏挫折教育，这主要是因为在成长的过程中过于顺遂如意导致的。这就像是一个人总是在吃糖，略微感受到一点苦涩，就觉得难以忍受。而如果时不时地吃点儿苦头，不但不再以苦为苦，内心的力量也会更强大。所以青春期的孩子渴望成功，更要学会把失败看作成功之母，才能获得成功。

在教育孩子的过程中，除了一味地对孩子开展赏识教育外，父母也要激励孩子有自己的想法和见解，避免一味地要求孩子"听话""乖乖的"。要知道，一个对父母言听计从的孩子一旦需要独自面对成长中的各种困境，就会表现得很无奈。而唯有支持孩子的想法，培养孩子坚定不移的意志力，孩子才能更加从容坦然，变得敢想敢做，也敢于直面人生各种困难。

青春期的孩子已经不小了，懂得人生中的一些道理，缺少的只是锻炼。让孩子把精神上的理解和认知与现实接轨，这样孩子才能得到全面的锻炼，也才能彻底从哭哭啼啼的小屁孩变成坚强有力的小大人。除此之外，当孩子妄自菲薄时，尤其是当孩子在遭遇失败觉得沮丧颓废时，父母一定要第一时间引导孩子客观评价自己，从而认清楚自己的优点和缺点，鼓起勇气，再接再厉。总而言之，孩子身体上的成长需要全面的营养，孩子精神上的成长更需要不断地锤炼。

眼看着就要进行中考了，夏天的学习状态却越来越差。有的时候，他写作业磨磨蹭蹭，甚至要到晚上十二点才能完成所有作业。次日早晨起床时，他又哈欠连天，完全是一副没睡醒的模样。对此，爸爸很着急，又不敢说夏天，生怕伤害了夏天的自信心，导致事与愿违。

有一天，看到夏天昏昏欲睡地在复习功课，爸爸说："夏天，你这样的状态，怎么能考上重点高中呢？难道你想初三复读一年啊！"夏天听到爸爸的话，突然一本正经地说："爸爸，坦白说，我觉得复读一年也许对我来说更好。越是临近考试，我越是心慌，对自己的学习毫无把握。"爸爸意识到夏天说的是真的就赶紧说："你这个孩子，怎么能这么想呢！你要知道，如果你连参加中考的勇气都没有，就根本不可能获得成功。人们常说，是骡子是马都要拉出来遛遛，才知道能力高低。你想，如果你复读一年，你就要再次重复初三的学习，相当于让自己多受一年罪！我倒是觉得，你应该全力以赴，这样你在冲刺之后，说不定就考上了呢！你还记得你小时候爸爸有一年考医生执业资格证吗？"夏天点点头。爸爸语重心长地说："其实，爸爸当初在考试之前也差点儿放弃了，觉得太难了。不过幸好我没有放弃，每天坚持复习，终于通过了。你要知道，如今是黎明前的黑暗，你觉得难熬，其他同学也觉得难熬，就看谁能坚持到最后了。爸爸希望你更勇敢，像爸爸一样背水一战，获得成功。"夏天陷入沉思，良久才说："你说得对，爸爸，我觉得把初三再来一遍也的确够我受的，我还是认真复习，争取一次就结束初中的学习吧！"

——案例来自爱普生涯青少年生存能力成长中心

很多父母面对孩子的学习，一味地强调成绩，哪怕孩子的成绩下降一分或者名次下降一名，父母也会觉得无法接受。实际上，成绩并不是孩子的核心竞争力，因为没有人知道考试会考哪些内容。最重要的是，要培养孩子直面竞争的勇气，要让孩子拥有坚定不移的信心和不可战胜的勇气。对于孩子而言，这才是他们在任何情况下的成功之母。孩子唯有具备这样的品质，才能在人生道路上勇往直前，兵来将挡，水来土淹。

此外，父母还要给孩子树立好榜样。常言道，父母是孩子的人生第一任老师，父母的很多表现会对孩子产生潜移默化的影响。如果在日常生活中，父母在面对坎坷挫折时能够表现出坚强勇敢的一面，那么孩子与父母朝夕相处，必然会受到感染。相反，如果父母本身就很怯懦，不管做什么事情都畏缩不前，那么孩子表现出胆怯也就不足为奇了。总而言之，教育孩子是值得每一位父母穷尽一生去完成的伟大事业，在教养孩子的过程中，父母也要不断地提升自我，才能从各个方面引领和指导孩子，给予孩子更坚强的后援力量。

5. 我的嫉妒：
   妒忌之火，歇斯底里

嫉妒是人心中的毒瘤，随着对于他人的成功心生嫉妒，这颗毒瘤也在不断地长大，最终膨胀，把人的心塞得满满的，使人心根本无法容纳其他一切美好的感情。当孩子心中燃起嫉妒之火，他们就会变得冲动易怒，甚至因为强烈的嫉妒心，导致自己做出追悔莫及的事情。还有人说，嫉妒是一把双刃剑，它使孩子一叶障目，不见泰山，被嫉妒冲昏头脑，彻底忘记了自己的人生中还有幸福快乐存在。现实生活中，有很多因嫉妒酿成的悲剧。在大学校园里，迄今为止还有因为嫉妒投毒的案件悬而未解，而那些罪魁祸首——曾经被嫉妒之火冲昏了头脑的刽子手，却逍遥法外，一生接受良心的谴责。

嫉妒之心如果能够保持在合理的范围内，也许能督促孩子奋起直追，从而与其他同学在学习和个人成长上形成你追我赶的积极趋势。然而凡事过犹不及，嫉妒的烈火一旦熊熊燃烧，不但会伤害他人，也会伤害自己。嫉妒的人往往无法接受他人比自己优秀的事实，对于那些超过自己的人和事物，他最想将其毁灭，却不知道在此过程中他也会毁灭自己。此外，从成功的角度而言，嫉妒者心胸狭隘，永远也无法清除生命中让他嫉妒的人和事物，也就永远愤愤不平，心怀憎恨。最终，这种憎恨会腐蚀他的内心,让他毫无善良可言,永远生活在仇恨中。毫无疑问,孩子不应该陷入这样绝望的人生境地,那么父母在教育孩子的过程中,就要以一颗宽容的心感化孩子,让孩子也变得宽容和善。正所谓宽容别人就是宽容自己,当孩子心胸开阔,他的人生也会豁然开朗。

静静是一名留守儿童,她的父母都在广州打工,她从出生之后几个月,就和爷爷奶奶生活在农村。小的时候,静静无忧无虑地生活,并不觉得自己比其他孩子缺少什么,因为爷爷奶奶把她照顾得很好。然而,随着逐渐长大,静静越来越渴望父母也能陪伴在自己的身边,她几次三番要求爸爸妈妈从广州回来,但是都被爸爸妈妈以要挣钱为由拒绝了。静静变得感觉自己越来越孤独。作为初中生的她,每次看到放学的时候,其他同学都有爸爸妈妈来接,而她只能独自一个人去学校附近的老师家寄宿时,她开始恨爸爸妈妈,也开始恨那些同学。

初二了,静静的英语成绩下滑严重。妈妈从广州打电话询问静静的学习情况,静静带着很大的意见说:"班级里其他同学都报名参加了补习班,只有我和几个孩子没参加。"妈妈当即表态:"你也参加,我马上汇钱给奶奶。"静静并不为此而感动,冷漠地说:"我不想参加,反正我学习就这样了。别的孩子还有父母在身边呢!你们总说我冷漠,你们对我都这么冷漠,我对别人为什么要热情?"妈妈哑口无言。妈妈是个木讷的人,很少与静静交流,这样彻底错过了静静的成长。

有一天,看到同桌娜娜穿着妈妈给她新买的羽绒服,而再看看自己身上的旧衣服,静静不由得心中妒火燃烧。中午娜娜脱掉外套去操场上活动的时候,静静居然用剪刀把娜娜的新羽绒服剪了个大口子。娜娜回到座位上看到自己的新衣服坏了,伤心地哭了起来。后来,经过一番调查,老师大概知道是静静做的,但是老师也知道静静是留守儿童,所以私下里和娜娜的妈妈进行沟通，也就没有追究静静的责任。但是，老师意识到静静的问题很严重，当即和奶奶要了电话，打电话给远在广州的静静妈妈和爸爸，向他们讲述了孩子的情况。爸爸妈妈意识到静静的心理问题很严重，当即辞工回到家里，他们不想再让静静在嫉妒的道路上越走越远了。

——案例来自爱普生涯青少年生存能力成长中心

孩子的嫉妒心是很强的，这是因为青春期的孩子已经开始学会攀比，而且也不愿意自己处处落后于人。很多孩子不仅在吃喝穿方面与其他同学比较，也会羡慕其他同学有父母的陪伴，而自己却那么孤单。事例中的静静嫉妒心原本不那么强，只是因为失去父母的关爱，让她心理失衡，才会导致她做出如此过激的举动。现代社会，很多偏远地区的孩子都处于留守状态，他们的感情与心理状态成为不容忽视的问题。然而，这个社会问题短时间内无法得到有效解决，就要求离开家的父母在辛苦挣钱的同时也要更关注孩子的精神成长和心理成长，毕竟孩子成长的很多方面并不是用金钱就可以弥补的。

当然，每个人都有妒忌心理，不管是成人还是孩子，也不管是留守儿童还是在父母身边长大的儿童。妒忌，是人的劣根性，是很难消除的，我们要做的是把妒忌控制在合理范围内，让妒忌成为刺激孩子的动力，激励孩子不断努力，不断提升和超越自我。要想让孩子摆脱妒忌心理，首先要让孩子在看到他人的优点和长处时，也看到自己的优点和长处。当意识到每个人都有自己的优点和长处，也认可自己的与众不同，孩子就不会一味地妒忌他人。其次，要让孩子学会合作。如今，合作精神被提升到前所未有的高度，不仅成人在职场上需要与同事合作，孩子在学习过程中也经常展开各种合作。合作，就是为了共同的目标和利益而奋斗，如果孩子意识到同伴的优点能够为他们团队完成学习任务提供极大的帮助，他们就会感谢同伴，而不会妒忌同伴。最后，要让孩子有宽容的心。虽然竞争无处不在，同学们也经常会在考试之后被排名次，比高低，但是正所谓友谊第一，比赛第二，孩子有所谓的对手也是自己学习的好榜样。虚心向比自己更优秀的人学习，才能消除妒忌，抓住时机提升自己，让自己取得突飞猛进的进步，才能让孩子的成长更顺利，更快乐。

6. 我的奋斗：
　　没有人能永远成为赢家

　　人人都想成为人生的赢家，孩子也不例外。但是孩子不知道，没有人能够永远成为赢家，这也直接导致他们在面对比赛或者竞赛时，总是盲目追求胜利，而不愿意面对失败。尤其是很多父母在孩子小时候，就给孩子灌输一定要赢的观念，导致孩子们面对失败抓狂，甚至无力承受。既然这个世界上并没有常胜将军，那么孩子在成长的过程中也不可能一直顺遂如意。正如人们常说的，人生不如意十之八九。也许孩子小时候在父母无微不至的照顾下，能够凡事都顺心如意，但是随着年龄不断增长，孩子渐渐走出家庭，走到学校里，更多地参与到社会生活中。在社会上，不会有人像父母一样竭尽所能地照顾他们，更不会时时处处都让着他们。这种情况下，孩子必然从小小的常胜将军，到逐渐体会到人生的酸甜苦辣，这其中的艰难也许只有他们自己能深刻体会。

　　在孩子小的时候，父母对于他们的照顾越是无微不至，全面呵护，等到孩子渐渐长大，他们必然觉得更加不适应，也更无法面对人生的残酷。归根结底，每个人都是自己生命的主角，没有人能够在面对人生坎坷时，谈笑风生。而那些人生的强者，都是经受不断的历练，才循序渐进地成长，经过艰难的跋涉，才渐入人生佳境。所以父母对于孩子的成长一定不要心急，更不能拔苗助长。记住，没有人能代替孩子经历失败和挫折，正所谓不经历无以为经验，孩子唯有亲自经历人生中的风风雨雨，才能拥有顽强的生命力，也才能坦然从容成为人生的真正赢家。

在这次数学竞赛中，林峰的成绩不是很好。一直以来，在各种数学竞赛中都纵横驰骋的他深受打击，甚至开始怀疑自己是否真的有学习数学的天赋。原来，大家看到林峰在数学学习上的突出表现，都说林峰有学好数学的天赋。渐渐地，林峰也就真的觉得自己在数学学习方面天赋异禀，无人能敌。恰巧在此时，林峰在数学竞赛中摔了个大跟头，不由得万分沮丧。

平日里，几乎每天都主动坚持完成十道奥数题才睡觉的林峰，这几天早早地就熄灯睡觉了。爸爸意识到林峰总是需要时间从失败的阴影中走出来，因而也没有过多地干涉林峰。然而，时间已经过去了半个月，林峰还是很沮丧，对学习丝毫提不起兴趣来，爸爸不由得心急如焚。毕竟林峰已经是初三学生了，中考前的复习时间分秒必争，这样连续放松半个月，已经是非常特殊的了。一天晚上，看到林峰洗漱之后又要早早地睡觉，爸爸忍不住问林峰："林峰，难道这一次小小的失败就让你彻底倒下了吗？"林峰颓然看着爸爸，爸爸继续说："其实，一直以来你都太顺利了，古人云，骄兵必败。你这次数学竞赛失败，是因为能力不足，还是因为内心骄傲轻敌呢？我倒是觉得，一辆车跑得太快，来不及刹车，肯定会出状况。这样的小小警示，恰恰是提醒你要适当刹车，及时检查车辆情况，是为了未来跑得更好,而不是为了彻底停下来。"林峰沮丧地说:"爸爸,我觉得很丢脸。"爸爸安慰林峰:"你觉得丢脸,就会真的丢脸。如果你觉得正好借此机会修整自己,你就能抓住这个机会,给自己查漏补缺,让自己更加进步。你细心观察就会发现,在很高的石阶上,每隔一段距离就会有一个平台,这就是为了让人喘口气,从而更好地继续攀升。"爸爸的话使林峰陷入沉思,他很清楚自己正面临抉择,是痛定思痛继续向上,还是沮丧绝望就此沉沦?最终,林峰笑着对爸爸说:"爸爸,放心吧,我经得起失败,我一定会再次站起来的。"

——案例来自爱普生涯青少年生存能力成长中心

在这个事例中,爸爸对于林峰的引导非常好,给予了林峰很大的思考和选择空间。爸爸并没有直接说林峰是对还是错,而是以打比喻的方法,给林峰讲道理,引导林峰做出正确的选择。爸爸解开了林峰心中的疙瘩,相信经过这件事情之后,林峰一定会更加勇敢,再也不会因为失败而一蹶不振了。

一个人即使能力再强,也不可能永远都是人生的赢家。在教育孩子的过程中,父母一定要避免盯着孩子的成绩,而是要着重培养孩子面对失败能够鼓起勇气再次尝试,争取获得成功,对于孩子而言这才是真正的内心强大,也才能帮助孩子勇敢地面对竞争,哪怕失败也一往无前,绝不退缩。

7. 我的压力：
压力下的成长小故事

现代社会，有几个人没有压力呢？成人面对着巨大的工作压力，孩子面对着压顶而来的升学压力，如果再有一个精神焦虑的父母，那么孩子必然压力重重。一直以来，人们对于孩子都存在误解，觉得孩子不为吃喝拉撒发愁，如果学习成绩好，那么根本没有压力，只有学习不好的孩子才会被父母追得紧，面对巨大压力。实际上，事实并非如此。很多学习成绩好的孩子，甚至面对的压力比相对落后的学生更大，这是为什么呢？

在赛场上，一个出色的运动员如果想连续赢得冠军，那么他在下一届比赛中一定面对前所未有的压力，因为他不知道自己能否继续赢得冠军，又担心一旦自己与冠军失之交臂，会引起他人的无情嘲笑。相反，新人运动员参加各种比赛是最轻松的，哪怕比赛成绩不好，人们也会谅解他们是新人，一旦全力以赴之后赢得好成绩，甚至赢得冠军，那么人们就会给予他至高的评价，说他是一匹黑马，也是极具潜力的选手。总而言之，新人收获的总是荣誉和惊喜，而很少有人对他们感到失望和不满。同样的道理，学习上的尖子生，在激烈的竞争中，要想击退那些后来居上的同学继续保持好的名次，显然要付出加倍的努力。而一旦成绩出现波动，他们就会遭到老师、父母的质疑，甚至被同学冷嘲热讽，当然会觉得压力倍增。相反，学习成绩相对落后的同学，哪怕多考了几分，名次上升了几名，也会得到老师和父母的赞扬和鼓励，因而满怀信心继续再接再厉。由此可以想象，大多数孩子不管学习成绩是先进还是一般，都面临着巨大的压力，也都必须打起十二分的精神来不断努力。

娜娜从小就学习舞蹈，已经读初中的她在舞蹈的学习上坚持了将近十年。在学习之余，娜娜经常四处参加比赛，有一次，为了迎接一项全国大赛，娜娜进行了为期两个月的集训。看着女儿一边要兼顾学习，一边还要参加集训，爸爸感到女儿非常辛苦。因此在比赛现场，当得知娜娜取得了第一名的好成绩时，爸爸得激动得热泪盈眶。他为女儿的付出有了回报高兴，也为女儿看起来一片光明的前途感到欣慰。

比赛结束当晚，爸爸就陪伴娜娜坐高铁回到家里。妈妈早就准备好了一桌子娜娜爱吃的美食，迎接娜娜的凯旋。在饭桌上，爸爸妈妈一起举杯为娜娜庆祝，但是娜娜看起来却有点儿心事重重的样子。妈妈疑惑地问："娜娜，你怎么了？这可是全国性的比赛，你赢得第一名，这是很大的进步呀，值得我们全家人庆祝！"娜娜忧心忡忡地看着妈妈，一本正经地说："妈妈，虽然我在这次高规格的比赛中赢得了第一名，但是你不要因此对我的期望太高啊。我也不知道自己怎么能得第一名，而且……而且……我无法保证自己下次还能继续赢得第一名！"妈妈听到娜娜的话，不由得笑起来："你这个鬼精灵，原来是在担心这个啊！放心，爸爸妈妈不会强求你每次都得第一名的，毕竟你每次遇到的对手都不一样，而且你每次的现场发挥都不同，虽然爸爸妈妈是跳舞的外行，但是这一点还是懂的。只要你能尽心尽力，你能开心地跳舞，爸爸妈妈就觉得一切付出和努力都是值得的。"听了妈妈的话，娜娜这才释怀，她举起酒杯说："爸爸妈妈，军功章里有我的一半，也有你们的一半。如果没有你们的培养和栽培，我不可能取得今日的成就。真的非常感谢你们，我爱你们！"娜娜寥寥数语，把爸爸妈妈说得泪光盈盈，妈妈一边抹眼泪一边把杯中的酒一饮而尽，说："闺女长大了！"

——案例来自爱普生涯青少年生存能力成长中心

娜娜是个非常敏感的小姑娘，她如愿以偿得到全国比赛的第一名之后，非但没有欣喜若狂，反而担心爸爸妈妈对自己的期望会因此而无限提高。她最担心爸爸妈妈因为期望过高而对她日后的表现感到失望，幸好妈妈的一番话让娜娜悬着的心放了下来，也让娜娜放下了心中的压力，坦然面对各种挑战，继续取得进步。

人生总是不断进步的，站在山脚下的人们渴望到达半山腰。然而等到他们真正到达半山腰之后，又会对山顶充满憧憬。人生之中，每个人都要始终保持进步的姿态，但是作为父母，一定不要给孩子过大的心理压力，否则就会让孩子哪怕获得成功，也依然觉得心中沉甸甸的。很多父母担心孩子一旦摆脱这样的压力，是否会变得人无压力轻飘飘。实际上这样的担心完全是多余的，因为孩子不会因为没有压力就不求上进，相反他们会因为能够自主进步而感到自己长大了，反而更加充满力量，斗志昂扬。

引导孩子正确看待比赛中的胜负输赢，把关注点放在进步和学习上，父母首先要端正心态，不要总是在孩子面前强调所谓的分数和名次。父母必须知道，孩子一生之中还会面临很多次竞赛和比赛，不可能每次都获胜，既然如此，教会孩子正确看待失败和挫折，是对孩子最好的教育。其次，还要鼓励孩子面对挫折越挫越勇，也要从各个方面提高孩子的能力。孩子的发展绝不是某一单方面的努力就能做到的，尤其是现代社会追求素质教育，父母也要端正态度，鼓励孩子积极参与竞争，也坦然面对输赢。唯有如此，孩子才能正确对待压力，保持进步的姿态！

8. 我的拒绝：
　　不懂说不，陷入被动

很多成人在人际交往中都深有体会，即面对他人的不情之请不会说"不"，往往使自己陷入被动之中。其实，不仅成人面对这个社交难题，孩子也同样面对这个难题。尤其是进入青春期之后，孩子们之间的交往越来越密切频繁，如果面对小伙伴的请求不懂得拒绝，孩子就会很难堪和尴尬，甚至导致人际关系破裂。在这种情况下，当然要培养孩子说"不"的能力，因为只有孩子敢于拒绝他人，孩子的内心才是真正强大无敌的，也只有孩子学会说"不"，才能更好地建立人际关系，也让自己在社会交往中占据主动。

说"不"，真的很难。尤其是在面对朋友的请求时，如何鼓起勇气说"不"、如何把"不"说得恰到好处不得罪他人，这一点不但是能力，更是人际相处的技巧。很多成人不管是在生活中还是在职场上，都还无法做到把"不"说好，更何况是初入社会、刚开始人际交往的孩子们！当父母煞费苦心地教会孩子掌握很多能力，提升孩子的水平之际，也不要忽视了帮助孩子发展人际交往能力，让孩子敢于说"不"，善于说"不"。这样，孩子才能在人际交往中做到游刃有余，也才能更加积极主动、不畏惧社交。

帅帅已经是初二的学生了，长得比爸爸还高，算是个小小男子汉了，但是他在人际交往方面却非常被动，常常受到其他同学的欺负。这不，前段时间爸爸刚刚为帅帅买了一部手机，因为帅帅家离得远，必须独自上学放学，爸爸担心帅帅的安全问题，给帅帅配备手机是为了方便联系。然而，帅帅的手机才用了一个星期，爸爸就发现手机不见了。爸爸问帅帅："帅帅，刚买的手机丢了吗？"帅帅眼神躲躲闪闪，不敢直视爸爸。在爸爸的持续追问下，他才嗫嚅着说："借给同学玩了。"爸爸不由得火冒三丈："你这个孩子怎么这么不懂事呢，爸爸妈妈给你买手机，是为了上学放学的路上与你保持联系。你把手机借给其他同学，我们还怎么打电话找你呢？"帅帅满脸通红，不知道如何回答爸爸的问题。爸爸给帅帅下了命令："明天跟同学把手机要回来。下午放学出了校门，就给我打电话汇报位置。"帅帅没有说话。次日放学，爸爸打帅帅的电话还是打不通，果然，帅帅没把手机要回来。

爸爸很生气，帅帅胆怯地说："他不给我，他总是这样，我也没办法。"听到帅帅无奈的话，爸爸这才意识到帅帅的手机不是借给同学玩的，而是被同学抢走的。爸爸恨铁不成钢，问帅帅："你都一米八了，比爸爸还高，难道连个手机都保护不好？我不管你是用强的还是其他办法，总而言之必须把手机要回来。"次日，爸爸找了班主任老师，见到了那个抢帅帅手机的孩子。那个孩子也很委屈，说："我只是和他借手机，他并没有拒绝啊，我就以为他同意了。"爸爸这才知道问题所在，也意识到自己虽然把帅帅养得又高又大，却没有让帅帅学会拒绝他人的不合理要求。当然，爸爸回到家里就告诉帅帅拒绝的重要性，帅帅也意识到自己太胆怯了，向爸爸表态要及时改正。

——案例来自爱普生涯青少年生存能力成长中心

一个人如果不懂拒绝，就会凡事陷入被动。尤其是孩子们在一起相处，一定要让孩子养成良好的交往习惯，该拒绝的时候就拒绝，否则不管是因为不好意思，还是因为胆小怯懦无法维护自身的合法权益，都会导致孩子畏畏缩缩，被他人欺负。我们常说，人要活成大写的人字。那么在孩子成长的过程中，就应该学会舒心地活着，不要过分委屈自己，忍辱负重。当然，这并非要求孩子们任性、肆意妄为，而是要求孩子们在人际交往中面对他人的不情之请能够勇敢说"不"，维护自己的合法权利和利益。

归根结底，每个人都是自己生命的主宰，而如果连很多小事情都无法自己做主，那么又谈何在大是大非面前坚持自我，活出自己的精彩和骨气呢！很多父母在教育孩子的过程中，一味地要求孩子听话，不允许孩子表达自己的想法和意见，渐渐地，孩子就会越来越怯懦，不敢直面表达自己，最终变成了胆小无能之辈，做什么都缩手缩脚。所以父母不要以孩子对自己言听计从为荣了，要为孩子"不听话"感到高兴，因为这至少说明孩子不是父母的附属品，而是拥有独立思想和意识的生命个体，不依附于任何人，只属于自己。

亲子篇
——青少年时代的7堂父母课程

  自从孩子进入青春期,大多数父母也就进入了焦虑期。看着一夜之间似乎与自己变成仇人的孩子,父母简直觉得无所适从,也备受打击。他们很怀念孩子小时候的时光,那时孩子就像跟屁虫,屁颠屁颠跟在父母的后面,扯着父母的衣襟,转眼之间孩子成为少年,与父母"反目成仇",对父母看不顺眼,还充满敌意。无奈之下,父母只好收敛锋芒,从大大咧咧到小心翼翼,只因为他们不愿意失去自己最爱的孩子。

1. 我就不听：
　　我偏偏要与妈妈对着干

每一个经历过孩子青春叛逆期的父母，都俨然经历了一场噩梦。似乎就在一夜之间，曾经那个熟悉、乖巧可人的孩子不见了，取而代之的是一个愣头青一般的少年。这个少年既是父母的孩子，也是父母的仇人，对父母看不惯，还对父母颐指气使，与父母对着干。父母无数次感慨：我到底是哪辈子欠了你的，你真是我的小冤家啊。没错，用"小冤家"三个字来形容青春期的叛逆少年，也许再合适不过了。他们的确摇身一变成为父母的小冤家，居然与父母针锋相对，水火不相容。

孩子为何总要与父母对着干呢？尤其是对他们照顾得无微不至、嘘寒问暖的妈妈，他们更是无法忍受，甚至故意与妈妈拧着劲，反着来，导致妈妈歇斯底里，痛不欲生。很多有青春期孩子的妈妈，都形容自己被孩子气得肝疼，不得不说，这是当妈妈要付出的代价，因为孩子的青春期是根本不可能跨越的，也是不能省略的。既然无法改变青春期的孩子，妈妈就只能反省自身：如何做，才能更好地与孩子相处和交流？如何做才能给予孩子正确的引导，不至于激起孩子的逆反心理？诸如此类难题的解决过程，是每个妈妈都要经历的艰难时刻。

自从进入青春期之后，曾经与妈妈亲密无间的娜娜，似乎一夜之间与妈妈成为了仇人。例如妈妈要求娜娜写完作业再吃饭，娜娜偏偏一回家就喊饿，任由妈妈说她是饿死鬼投胎，也要吃个饱，还要休息一会儿，才去写作业。再如，妈妈要求娜娜放学就回家，而且要把手机从无声状态调成有声状态，娜娜偏不，总是任由手机处于无声状态，也不会拿起手机看看是否有妈妈的未接来电。妈妈不止一次向娜娜提意见，娜娜却义正言辞地说："我偏不接你的电话，我又不是小孩子了，不可能被你们全方位监控。如果需要向你求助，我会主动给你打电话的。"

很快，初中三年过去了，娜娜考入了重点高中，这一点还是妈妈比较欣慰的。然而，在文理分科的时候，娜娜又和妈妈产生了分歧。妈妈觉得娜娜比较擅长文科，建议娜娜学习文科，但是娜娜却以一个啼笑皆非的理由拒绝了妈妈的建议：我可不想学文科，满眼看去都是女生。我愿意学习理科，让自己在大学里就像大熊猫一样稀有，还能得到许多男同学献殷勤。最终，妈妈还是拗不过娜娜，娜娜如愿以偿学习了理科，哪怕学习上很吃力也在所不辞。妈妈就纳闷了，曾经对自己无话不说的女儿，为何如今与自己剑拔弩张，恨不得随时随地来一次世纪大决战呢！

高考结束之后，娜娜想去剪短头发，原本她是犹豫不决的，后来因为妈妈说了一句"女孩还是长发飘飘好看"，娜娜就马上去剪短头发，而且把头发染成葡萄紫的颜色，就像是个扎眼的葡萄一样整日在妈妈眼前晃来晃去。妈妈此刻已经意识到娜娜在故意与自己对着干，因此只好小心翼翼，尽量避免再说出刺激娜娜的话来。

——案例来自爱普生涯青少年生存能力成长中心

曾经的乖乖女，突然之间变成了妈妈的冤家对头，满脑子想的都是如何让妈妈不如意，要与妈妈对着干。这到底是怎么了？实际上，很多孩子一旦进入青春期，都会产生强烈的逆反心理。有的时候，越是平日里乖巧的孩子，逆反心理越是强烈。在这种情况下，父母与其采取说教的方式或者采取冷嘲热讽的方式对待孩子，不如对孩子开展正面引导，从而减轻孩子的叛逆心理，更好地梳理孩子的情绪和思绪。

此外，青春期的孩子情绪敏感，甚至草木皆兵，哪怕对于父母无意中说出的话，他们也会感到排斥和抵触。其实，父母看到孩子突然发生这样的情况，无需感到内心失落，或者沮丧绝望。因为青春期的孩子正处于身心快速发展的阶段，身体的发展和变化导致他们的心理产生变化，所以他们对抗情绪强烈也是情有可原的。其次，青春期的孩子自我意识完全觉醒，他们渴望自己能够平等地与父母相处，也希望父母认可他们是独立存在的生命个体。所以很多时候他们未必觉得父母说的一切都是错的，而只是想要宣誓自己的存在，告诉父母他们是有主权的，因而故意与父母对着干。这种情况下，父母如果能够给予孩子足够的尊重和平等对待，孩子叛逆的情况就会有所好转。但是一定要注意，不要对青春期的孩子采取高压或者强制政策，否则只会导致孩子更加逆反，甚至做出过激的举动。总而言之，青春期是孩子成长过程中的关键时期。在此期间，面对孩子的各种表现，父母一定要足够宽容和理解，才能切实有效地帮助和引导孩子走入正轨。

2. 我的烦恼：
是你要与我争吵的

自从孩子进入青春期，不再对父母言听计从，父母与孩子的争执就会越来越多，哪怕是一件不起眼的小事，或者是一句漫不经心的话，都会点燃父母与孩子之间的导火索。这到底是怎么了？难道是父母和孩子的亲子关系之间，突然充满了瓦斯，所以才导致一切都不能见明火，不能遇高温，也不能有任何碰撞的火花出现吗？当然不是。父母还是父母，孩子还是孩子，只不过如果父母与孩子都不能调整好自己的心态，也找不到最佳的相处方式，那么在孩子人生的崭新阶段，曾经的相处模式就会给亲子相处带来很多的麻烦。归根结底，这是原来的亲子关系模式，没有跟上孩子的成长模式导致的。

很多父母面对与青春期孩子日益频繁的争吵，总是觉得心力憔悴。他们很委屈，因为他们不想和孩子吵架，却总是被孩子挑起事端，挑战他们的权威，导致他们不得不仓促应战。实际上，大多数父母都觉得自己就是权威，而同样的交流如果发生在朋友与自己之间，争吵必然不会发生。所以孩子也很委屈，他们内心深处窝着火儿，嘴巴上却不停地指责父母：是你要与我吵架的，我根本不想和你吵架。谁是谁非，可能已经无从确定主要责任在谁身上了，父母与孩子都要共同面对的难题是：如何才能改变交流的方式，让争吵不再发生。

乐乐刚刚放学进家，妈妈在班级群里看到英语老师公布的默写100分名单里没有乐乐，因而问道："乐乐，你的英语默写哪里错了？考了多少分？"原本，在妈妈心中，这是一句再正常不过的询问。不想，乐乐突然非常抵触地说："你只知道关心分数，而且只能看到我考得不好的时候，我前几天考100分，你怎么不问我为什么考100分呢？"乐乐的这句话，把妈妈噎得半天说不出话来。过了几分钟，妈妈勉强压抑住内心的怒火，才说："你考满分了，知识点掌握得很好，我还问你什么呀！我不就是想找出来你哪里做得不够，提醒你改进吗？"乐乐爆发情绪，喊道："我就是一个差生，我以后每次都要考倒数第一，你满意了吧？！"这一次，妈妈再也控制不住火气，也生气地喊道："你疯了还是神经了，你要是愿意我不理你，我以后再也不理你，管你长大之后是去捡破烂还是去要饭呢！"乐乐回了一句："我要饭我愿意，你管得着吗？"说完，他就关上房间的门，把妈妈关在门外。

——案例来自爱普生涯青少年生存能力成长中心

这个事例中，妈妈一定觉得丈二和尚摸不着头脑。从妈妈的角度出发，她觉得自己问问乐乐的默写情况是很正当合理的，却不知道从乐乐的角度出发，觉得妈妈只看到他的不足，看不到他的任何优点，也不会给他任何鼓励和赞扬。这种情况下，如果学校本身学习压力就很大，乐乐很容易把负面情绪发泄到妈妈身上，导致妈妈撞到他的枪口上，彼此之间爆发争吵。尤其是处于青春期的孩子，感情和情绪更是复杂多变，反复无常，与此同时他们也承受着巨大的学习压力，所以父母在与他们交流时，一定要避开雷区。

还有些孩子因为青春期叛逆，根本不愿意和父母交流，一张嘴就是要吵架的架势。这种情况下，如果父母一味地想要压制孩子，便很容易与孩子对立起来，也导致亲子关系紧张。作为相处的双方中的一方，如果父母想缓和与青春期孩子的亲子关系，就要能够控制火气。其实，假如父母静下心来用心思考孩子的话，就会觉得孩子的想法是有道理的。在理解的基础和前提下，亲子关系也会变得融洽。

对于青春期孩子的冷漠，或者极具攻击性，父母一定要谨言慎行，既不要刺激孩子的情绪更激动，也不要冷漠对待孩子。这两种极端的方式都会激起孩子更严重的反抗情绪，唯有放下父母所谓的威严，像朋友一样真诚地与孩子交流，发自内心地尊重孩子，才能走入孩子的内心，与孩子友好相处，也将得到孩子的倾心相待。尤其是在与孩子交流时，父母一定要注意避开雷区。诸如不要依然对孩子趾高气扬，因为青春期的孩子不会再像小时候那样对父母言听计从。再如，当孩子有了倔脾气，九头牛也拉不回来的时候，不要一味地强迫孩子接受父母的安排，也可以让孩子按照自己的想法去做，等到碰壁之后，他们自然就会回头了。否则，父母如果一味地强制孩子，非但无法使孩子接受，反而会激起孩子的逆反心理，导致孩子刻意与父母对着干，那就得不偿失了。记住，对待青春期的孩子，要支持不要压制，要商量不要命令，要理解不要反对，只有把握这些基本的相处原则，亲子关系才能和谐融洽，各种争执才会消散于无形。

3. 追风少年：
妈妈，你落伍了

曾几何时，孩子长大了，成为追风的少年，妈妈却不知不觉间老了，甚至再也跟不上时代的潮流，只能看着孩子渐行渐远。很多青春期少年都会对父母的落伍表现得不屑一顾，他们满口新鲜的名词，满脑子都是新鲜事物，因而难免会觉得父母老土。有的少年还会对父母不屑一顾，觉得父母已经被时代远远甩下，再也不是自己的榜样和楷模。民间有句俗话，叫作"长江后浪推前浪。"的确如此，人类的成长与进步也是这样一代一代不断推进的。

人到中年，很多父母都觉得自己被孩子催老了，因为孩子突然就长大了，甚至比爸爸妈妈更加高大强壮。面对爸爸妈妈对新生事物的无法接受，孩子们也觉得难以理解。有些热心的孩子会向爸爸妈妈灌输和讲述新鲜事物与观念，但是爸爸妈妈却总是感到迷惘困惑，始终不能理解。这个时候，孩子难免无奈地说：妈妈，你落伍啦！的确，一个已经落伍的妈妈总是无法与孩子保持进步的姿态，也无法与孩子并肩而行，与时俱进。很多父母在面对孩子这样的指责时，常常觉得委屈，殊不知，孩子的话并非全无道理。实际上，爸爸妈妈并不老，除了为孩子操心之外，也应该注意学习，保持进步的姿态，才能在人生之中始终坚持奋进，与时俱进。唯有如此，爸爸妈妈与孩子才会拥有更多的语言，也才会更加跟得上孩子成长的脚步，更好地陪伴孩子成长。归根结底，孩子也很愿意有一个理解自己的父母，并且更希望父母能够像朋友一样与自己相处。所以父母给予孩子的礼物有很多，与时俱进陪伴孩子成长，就是非常好的礼物。

小伟从初中就开始住校了。一开始，妈妈担心小伟缺乏自理能力，生活方面容易遇到困难。没有想到，小伟的适应能力还很强，不久就学会了自己洗衣服，每天按时去食堂吃饭、按时作息，把学习安排得很好；每天晚上，小伟九点下了晚自习就抓紧时间洗漱，九点二十准时与妈妈微信聊天十分钟。到九点半宿舍统一熄灯，他就休息了。

这天晚上，妈妈等到九点二十五也没有收到小伟的微信，立刻发微信问小伟："今晚有事情吗？怎么这么晚还没洗漱好？"小伟马上回了四个字："蓝瘦香菇。"妈妈丈二和尚摸不着头脑："什么意思？"小伟回了一个惊讶的表情，妈妈着急了，赶紧发语音："你这孩子，赶紧说啊，急死我了！"小伟无奈地回复语言："老妈，你也太逊了。蓝瘦香菇是什么意思，你都不知道啊！"妈妈说："跟我说人话！"小伟这才慢条斯理地说："今天数学测验没考好，所以我说我难受想哭，就是蓝瘦香菇。"妈妈忍俊不禁道："你这个孩子，吓死我了。没考好，就要总结经验，查漏补缺，争取下次考好。但是下次不要和我说鸟语啦，要说人话。"小伟说："妈妈，你落伍了，还能不能愉快地聊天了？"说完小伟休息了，妈妈又蒙了：怎么叫不能愉快地聊天了呢？这孩子，说话越来越莫名其妙。

——案例来自爱普生涯青少年生存能力成长中心

亲子交流的过程中，孩子很容易说出一些流行的语言，导致父母听了之后丈二和尚摸不着头脑，也使孩子觉得自己对牛弹琴，根本找不到愉快交流的感觉。这都是因为父母不了解流行语言导致的。在此过程中，父母不要一味地感到失落，而要意识到自己与孩子的代差，从而提升自己，让自己跟上时代的脚步，也变得时髦起来。这不仅仅是为了迎合孩子，而且是为了与孩子有更多的共同语言，能做到愉快地交谈。

现代社会发展迅猛，尤其是网络的普及，使信息传递的速度非常快，一个人哪怕足不出户，也可以了解天下大事，知道最新的新闻资讯。青少年正处于身心快速发展的阶段，人际关系也得到长足发展，因而在与同学、朋友相处的过程中会接触更多的新鲜事物，也会不知不觉把这些新发现或者新名词带回家里，与父母进行交流。这种情况下，父母当然要努力提升自我，让自己进步，跟得上孩子的脚步，才能与孩子更加和谐相处，相谈甚欢。

4. 我的妈妈：
有一个理解我的妈妈真好

很多青春期的孩子之所以特别叛逆，就是因为他们觉得父母不理解自己，所以总是与父母对着干。青春期的孩子身心发展迅速，自尊心强烈，而且感情敏感细腻，最看重父母的尊重与平等对待。在这种情况下，如果父母不能及时调整思路，依然觉得孩子是父母的附属品，理所应当听从父母的，那么一定会对孩子颐指气使，强求孩子。毋庸置疑，这样的强制行为对于青春期的孩子来说根本起不到任何作用，只会导致事与愿违。

形象地描述一下：青春期的孩子是顺毛驴，只能顺毛抚摸，不能逆着毛，否则就会炸毛。在中国古代，传说龙也是有逆鳞的，不能触碰，否则就会让龙颜大怒。青春期的孩子何尝没有逆鳞呢？他们敏感的地方非常多，父母也许稍有不慎就会惹恼他们，导致他们根本不愿意继续交谈下去，亲子关系更恶劣。面对青春期的叛逆，明智的父母选择理解和体谅孩子，从而避免亲子关系僵化。

　　自从进入青春期，希希仿佛变了一个人。原本最喜欢和妈妈聊天的她，变得很沉默，根本不愿意和妈妈交流。有的时候，妈妈看到希希不高兴，小心翼翼地问希希怎么了？希希也会很烦躁，似乎压根不愿意回答妈妈的提问。

　　这个周末，妈妈发现希希回到家里之后就把自己关在房间里，吃饭的时候偶尔走出房间也是面色阴沉。妈妈很担心希希，毕竟希希周一到周五都住在学校里，在父母身边的时间少，有什么情况父母也不能及时了解。妈妈实在按捺不住，问希希："希希，你怎么了，有什么心事吗？"希希敷衍了事地回答："没事。"妈妈继续追问："你有心事要告诉妈妈，尤其是遇到什么困难，一定要告诉妈妈。"希希抵触地反问："你是不是希望我有什么事情啊？"妈妈一下子被反驳得语塞："你这个孩子，妈妈不是为了你好，关心你嘛，你怎么这么说话啊！"希希也有些生气："那我告诉你，我考试班级里倒数，你能帮我把学习搞上来吗？想问我学习情况你就直接说，用不着拐弯抹角的。"妈妈很委屈，她明明是想关心希希，可到了希希心中却变成了这样。妈妈很久没说话，不知道希希为何变得像个刺猬一样。思来想去，妈妈也咽不下去这口气，气狠狠地说："你可真是狗咬吕洞宾，不识好人心。以后我不会关心你了，随你怎么办吧！你就当没有我这个妈妈！"希希突然委屈得大哭起来："你只知道询问我的学习，什么时候关心过我了。我哪个周末回家，你不是第一时间询问我的学习情况呢？

既然这样,你索性不要装模作样关心我,反正我已经这样了!"

看到希希歇斯底里地大哭,妈妈突然意识到希希一定真的遇到什么难题了。妈妈赶紧把希希揽在怀里:"傻女儿,妈妈最关心的当然是你。你要相信妈妈是爱你的,也要相信妈妈能够保护你,帮助你。告诉妈妈,到底发生什么事情了,看到你不开心,妈妈真的很着急。"在妈妈的感召下,希希终于打开心扉,诉说了心中的烦恼。原来,希希与同宿舍的一个女孩吵架了,现在她们谁也不理谁,而且那个女孩还发动宿舍里的其他人排斥、抵触希希。妈妈看到希希这么苦恼,帮助希希分析了原因,最终告诉希希:"如果你觉得不想在那个宿舍待了,妈妈去帮你申请调换宿舍,或者回家住。虽然远点儿,妈妈可以买辆车接送你。你觉得呢?"希希想了想说:"那太辛苦了,我先按照你说的,尝试着和那个女孩和好吧,如果不行,我就换宿舍。"妈妈坚定地告诉希希:"不管你做出什么决定,妈妈都支持你。你也要记住,不管在什么情况下,妈妈都站在你的身后。"就这样,希希破涕为笑,在家过完周末之后高高兴兴地带着妈妈特意为她烤制的小点心去学校,与舍友们分享。

——案例来自爱普生涯青少年生存能力成长中心

以前,希希与妈妈的交流存在一些问题,也许是因为妈妈之前太多地关注希希学习方面的,导致希希对于妈妈问起自己为何不开心很排斥,还把自己的忧虑都发泄到妈妈身上。最终,希希被妈妈惹恼了,自己嚎啕大哭起来,幸好妈妈意识到问题,又对希希表示关心和理解,才最终打开希希的心扉。青春期的孩子,在学习生活中也会有很多苦恼需要面对,父母除了关心孩子的学习,也要关注孩子的情绪,及时帮助孩子疏导情绪。尤其是当孩子与同学或者同宿舍的伙伴发生摩擦时,父母更要及时引导孩子处理好人际关系。

20世纪90年代，清华大学朱令被投毒，迄今二十几年的时间过去，没有人知道真相，真凶依然逍遥法外。有人怀疑是朱令身边的同学下毒，但是因为是多次小剂量投毒，而且确定中毒的时间也很晚，所以导致犯罪现场遭到破坏。这不由得让人担心青少年与同学、舍友相处的问题，因为很多恶性事件就是因为恶劣的人际关系导致的。复旦大学的投毒案，不但被害者因为抢救无效身亡，投毒者也被判处死刑，两个原本大有可为的青年就这样失去了生命，让人扼腕叹息。所以父母一定要理解孩子，从而打开孩子的心扉，更好地关注孩子的成长。父母必须知道，只照顾好孩子的吃喝拉撒是远远不够的，更要引导孩子，孩子心理健康才能茁壮成长，才能获得长足的发展。而对于成长中的很多烦恼，如果孩子不能向父母倾诉，那么还能向谁倾诉呢？很多恶劣的情绪感受一旦堆积，就会导致严重后果，而如果能够及时倾诉，也许就会消散于无形。所以作为父母，我们一定要更加关注孩子的心理健康和情绪情感，及时帮助孩子发泄负面情绪，保持心绪平静。只有理解孩子的父母，才能真正做到这一点。

5. 不想吵架：
每天一小吵，三天一大吵

当孩子进入青春期，原本其乐融融的家庭生活瞬间变了模样，每天一小吵，三天一大吵，不但让父母心力憔悴，孩子也会觉得很疲惫，甚至因为亲子关系急剧恶化而导致内心孤独，自感无依无靠的。对于这种情况，很多父母都抱怨孩子不听话，忤逆父母，与父母对着干。实际上，孩子并不想吵架，谁不想在和谐融洽的家庭氛围中生活，与父母保持友好和美的关系呢？然而，青春期的孩子感情冲动，心理叛逆，有的时候真的无法控制好自己。这种情况下，如果父母对孩子的青春期丝毫不了解，不知道孩子处于青春期会有一些异常的、叛逆的行为和表现，那么可想而知亲子关系必然不融洽，甚至剑拔弩张，水火不容。

每一个踏踏实实、想要好好生活的家庭，都无法忍受接二连三的争吵。而且吵架的还是原来亲密无间的父母与子女，这更是让人抓狂。对于这样的现状，孩子和父母都很委屈，因为他们全都标榜自己不愿意吵架，却又都无法改变争吵的现状。对此，父母总是妄自尊大，觉得自己作为父母就享有对孩子的指挥权，也觉得自己必须高高在上才能表现出父母的权威。殊不知，这与青春期的孩子渴望独立并且得到尊重的强烈愿望，恰恰相反。了解孩子青春期特点的父母知道，孩子处于青春期，迫不及待渴望长大，也希望得到父母的尊重、理解和平等对待。如果说孩子小时候对于父母的强权还能言听计从，那么从进入青春期之后，孩子就吹响了反抗父母强权的号角。因而对于孩子的叛逆与反抗，父母首先要反思自身是否没有采取恰当的方法对待处于青春叛逆期的孩子，才会导致孩子与父母针尖对麦芒。等到父母调整好心态，做得恰到好处，就能避免不断地刺激和挑战孩子脆弱敏感的内心，自然，亲子关系也会大大好转。

自从进入初二以后，小敏就好像与父母变成了"仇人"。这不，正值周末，爸爸妈妈早早喊醒小敏，说要带着小敏一起去跑步，锻炼身体。爸爸还告诉小敏："中考的时候，体育成绩也算入总分，身体是革命的本钱，没有好身体可不行。"不想，小敏排斥地说："我可不去跑步，要是被同学看到非得笑死我。好不容易周末，平时上学都累死了，傻子才不想睡觉呢！"爸爸不由得皱起眉头，说："你这个丫头，怎么这么倔呢！你可知道到时候考重点高中，差一分都要交好几万块钱才能入学啊！爸爸妈妈这么辛苦，你就只负责学习，你怎么就不能体谅爸爸妈妈呢？"小敏也恼火起来："只有你们辛苦吗？没看到我成天就像瞌睡虫一样困得东倒西歪的吗？有一次上课，我都打盹了。体育成绩差，到时候我就用文化课成绩补呗，总比文化课成绩不合格好吧！"说完，小敏拉起被子蒙头大睡。

妈妈气得猛地把小敏的被子掀开，吼道："现在，立刻，马上，给我穿好衣服去跑步，我和爸爸都不睡懒觉，都是为了陪你，你还不配合！"小敏哭着喊道："你们愿意陪谁陪谁去，反正我不要你们赔！我考不上重点高中也不要你们管，你们正好省了大学学费，也省得你们整天叨叨自己多么辛苦。我自己能养活自己！"就这样，小敏和爸爸妈妈大吵一架，不但没有跑步，也没有睡觉，而是一家三口都气鼓鼓的，谁也不理谁。

事后，小敏告诉来家里做客的小姨："我真的不想和他们吵架，可是他们总追着我吵架。你说说，我困死了为什么不能睡觉呢，就非得一大早喊我去跑步。"小姨点点头，说："我非常理解你，因为我上初中的时候也困得要命，甚至走路都能睡着，别说上课了。你觉得怎么做才好？我去和你爸爸妈妈交涉，你以后每周抽出两个下午练习跑步，因为你爸爸妈妈说的有一点是对的，那就是没有好身体就没有革命的本钱。"小敏想了想，说："好吧，小姨，我听你的。"就这样，小姨和小敏达成共识，在小姨的协调下，小敏与爸爸妈妈总算不再天天吵架了。

——案例来自爱普生涯青少年生存能力成长中心

有的时候，青春期的孩子因为情绪焦虑，心中会有一股邪火，会无端发到父母身上。这种情况下，父母要包容孩子，理解孩子正处于特殊的身心发育时期。除了自身的情绪问题之外，有的时候孩子也会因为父母的逼迫而导致失去耐心。其实，孩子长大了，有了自己的思想和主见，再也不会事事都听从父母的。这种情况下，父母一定要端正心态，不要总是强求孩子，而是要尊重孩子的意愿，从而给予孩子更多的理解和支持，给予孩子自主选择和决定的空间。父母唯有给予孩子有效引导，孩子才会更信任父母。而如果父母一味地强求孩子，只会导致孩子叛逆，也导致亲子关系紧张。所以明智的父母要时常倾听孩子的心声，知道孩子并非是刺儿头，不是总是想与父母吵架。和父母相比，相对弱势的孩子更希望有民主和谐的家庭环境，也能够自己为自己做主，活出自己的精彩！

6. 世纪碰撞：
当更年期遭遇青春期

不仅孩子有青春期，父母也有更年期。很多父母因为晚结婚，所以当孩子进入青春期时，父母已经进入了更年期。尤其是妈妈，在更年期中身体激素水平出现改变，导致妈妈的心情也变得焦躁不安，身体上也出现失眠多汗的情况，因而时常焦虑，更无法面对青春期中状况百出的孩子。所以有人把更年期与青春期的相遇形容为世纪大碰撞。可想而知当一个家庭里，既有处于更年期的妈妈，也有处于青春期的孩子，情况该是多么糟糕和无奈！

青春期的孩子原本就很叛逆，再遇上更年期的妈妈，不免更加冲突不断。很多更年期症状严重的妈妈，会歇斯底里、抑郁、冲动。这就像是两个高速行驶的小行星碰撞到一起，必然导致家里天翻地覆，永无安宁。实际上，要想有效改善亲子关系，不管是青春期的孩子还是更年期的妈妈，都要体谅对方，控制自己的情绪，调整好自己的心情，这样才能避免冲突和矛盾的发生。或者偶尔遇到意见不一致的情况，也要有商有量，而不要一味地强求或者压制对方。特别是妈妈作为亲子关系的主导者，面对虽然已经半大却没有成熟思维的孩子，更要调整心态，整理情绪，才能经营好亲子关系，用心陪伴孩子成长。

天宇是妈妈35岁的时候冒着高龄产妇的危险生的，虽然不是老来得子，但是妈妈的确生天宇比较晚了。高龄产妇不但怀孕苦，体力不足，而且养育孩子也更加劳累。等到天宇上初三时，妈妈已经50岁了。

迄今为止，回想起来，妈妈仍然觉得头皮发麻，不知道自己是如何度过天宇初三一整年的。当时，妈妈正好进入更年期，身体激素水平的急剧变化使得妈妈情绪很容易波动，也让妈妈陷入失眠多梦盗汗的身体不适中。恰巧在此时，天宇面临中考，心烦意乱的妈妈几乎每天都把嘴巴长在天宇身上，动辄就督促天宇学习，哪怕看到天宇刚刚休息一分钟，妈妈也会催促天宇不要浪费宝贵的时间。每到周末，天宇好不容易放假半天，想要和同学一起出去玩，妈妈更是开展紧箍咒大法，絮絮叨叨："天宇啊，你马上就要中考了。你如果考不上重点高中，就很难考上名牌大学，毕业以后就找不到好工作。难道你就不能辛苦这些日子，给自己的人生一个交代吗？"天宇一开始还能勉强忍受，后来实在忍不住，对着妈妈怒吼："我又没死，需要什么交代啊！你放心，考不上大学我就去要饭，也不用你管，你一天到晚唠叨，烦死人了。"说完，天宇头也不回地摔门而出。妈妈既生气，觉得心慌意乱，又懊恼，气得眼泪婆娑，因而马上打电话给爸爸诉苦："你出差什么时候回来啊，我不想活了，我快被你儿子气死了！

我告诉你,我心脏病都犯了,要不咱俩离婚吧,把天宇归你管,我也能多活几年。"爸爸正在外地出差,被妈妈的话说得心急如焚,赶紧给天宇打电话询问情况。天宇也满腹委屈,向爸爸倾诉,爸爸只好安慰天宇:"天宇啊,妈妈更年期了,你是男子汉,体谅她点儿,爸爸已经批评她了,让她不要对你唠叨了。你再忍耐几天,不要和妈妈吵架,万一妈妈真的想不开,你可就没有妈妈了。我过几天就到家,听话啊,乖儿子!"

做好天宇的工作,爸爸再打电话给妈妈,劝妈妈淡定,天宇留着给他出差回来管,让妈妈只管调整好心情,只负责给天宇做饭就好。然而,这样好说歹说,熬不出两天,妈妈又和天宇吵架了,这样的日子也真的是没法过了。无奈之下,爸爸只好让妈妈去姥姥家里陪姥姥一段日子,等到天宇中考结束再回家。

——案例来自爱普生涯青少年生存能力成长中心

其实,青春期的孩子本身并不具有攻击性,只是因为身心处于快速发展之中,再加上自我意识彻底觉醒,独立观念越来越强,所以他们不愿意一味地听父母唠叨。如果爸爸妈妈能掌握对待青春期孩子的原则和技巧,那么亲子关系也就会得到缓解,相安无事。当然,如果妈妈恰巧进入更年期,更年期的各种症状很容易使妈妈陷入歇斯底里的状态,也导致妈妈与孩子之间的冲突频繁发生。总而言之,不管是更年期还是青春期,都是无法超越的,都是要切实经历的。父母面对青春期孩子的各种反常行为,以及冲动的情绪和脆弱的心理状态,一定要尊重和理解孩子,平等对待孩子,这样才能真正把话说到孩子心里去,也能更好地引导孩子健康成长。

当更年期遭遇青春期时,父母更要调整好自身的状态,管好自己紧张焦虑的情绪,管理好自己唠叨的嘴巴,这样才能给予孩子自由成长的空间，也让孩子在清净的氛围中成长。记住，孩子本身并不具有攻击性，而父母无论出于何种心态，都不要故意挑衅和激怒孩子，而是要尽量帮助孩子保持愉快的心情面对成长中的各种艰难和挑战。

7. 我想飞走：
离家出走——父母心中永远的伤痛

　　进入青春期之后，孩子的独立意识增强，最大的渴望就是让父母把自己当成独立的生命个体对待，而不要再对自己颐指气使，居高临下。遗憾的是，很多父母并没有随着孩子的成长适时调整好心态。相反，他们对于孩子的认知总是存在误区，或者觉得孩子永远长不大，又或者觉得孩子是自己的附属品，也因此他们与孩子的相处方式没有紧紧跟孩子的成长而发展。在这种情况下，孩子必然觉得很压抑和窒息，因为曾经父母对他们无微不至的照顾，如今却成为束缚他们的枷锁，导致他们心力憔悴，如同要窒息一般痛苦挣扎。

　　当孩子渴望独立的愿望，在习惯了强权专制的父母那里没有得到满足，那么孩子就会产生反抗的心理。他们轻则与父母争吵，试图维护自己的合理权益，重则在对父母感到彻底绝望之后，采取决绝的方式捍卫自己的主权——离家出走。不得不说，当遭遇孩子离家出走，每一位父母都会感到焦心如焚，甚至完全忘记孩子那些曾经被他们认为不合理或者无法理解的请求，转而只想马上看到孩子，把孩子拥抱在怀里，再也不想失去孩子。然而，等到孩子回到家里，父母珍惜孩子一段时间之后，渐渐地又会对孩子故技重施。正是这样的恶性循环，导致很多孩子不止一次离家出走。如果离家的孩子能平安归来，那么离家出走只是一次惊吓。然而，现代社会各种状况层出不穷，如果离家的孩子遭遇噩运，无法平安归来，那么孩子的离家出走就会变成父母一生中永远无法弥补的伤痛，对孩子也将会是致命的打击和伤害。所以父母在教育孩子的过程中，不管孩子犯了怎样的错误，也不管孩子做出多么让父母失望和难以接受的事情，都要在对孩子的监管下开展教育，而不要任由孩子离开父母的监管，成为游荡的孤独者。

在一家妇幼保健院里，医生护士都在紧张地讨论一个刚刚送来的四岁小女孩，从十几层楼上掉落。起因是她犯了错误，妈妈气急败坏，把她关到自己的房间里反省。对于这么大的孩子而言，当然不会产生跳楼的想法，也许她只是被关在屋子里觉得很害怕，所以想从窗户走出来，结果就发生了这样的惨剧。那位一时冲动的妈妈心中该有多么痛啊！但是她的确做错了一件事情，就是让同样处于情绪冲动中的孩子离开了自己的监管范围，才会导致孩子不知道是有心还是无意做出对自己这样决绝的伤害。假如父母无论多么愤怒，都不把孩子推出监管范围，那么至少父母可以保证孩子的人身安全，也可以避免孩子做出冲动的举动。父母望子成龙、望女成凤的心情是可以理解的，但是任何时候都不要过度。对于每一个人而言，生命的安全胜于一切，如果没有生命作为基础，所有的努力和付出又有什么意义呢？这也正是如今很多教育专家都提倡教育要以人为本位的原因。作为爱孩子的父母，更要尊重和爱惜孩子的生命，才能保护和陪伴孩子健康成长。

因为考试没考好，而且没有积极反省自己、查漏补缺的态度，爸爸妈妈一气之下，让天宇站到家门外面反省自己，什么时候意识到自己的错误所在，什么时候才能进屋。随着天色渐晚，天宇也没等到爸爸妈妈喊自己回家，看着黑洞洞的楼道，他不由得害怕起来。他默默想道：与其站在这里面对可怕的黑夜，不如去街道上，至少还有路灯，还可以去姥姥姥爷家里，这样就能吃饭了。想到这里，天宇拔腿走了。

等到做好晚饭喊天宇吃饭时，妈妈才发现家门外面空空如也，根本不见天宇的身影。妈妈气愤地对爸爸喊道："你儿子就是欠修理，居然不声不响跑出去玩了，咱们还以为他在门口反省呢！"爸爸下楼去找天宇，找了好几圈，找遍了天宇平日里喜欢玩的地方，也没找到天宇，不由得慌了神，赶紧给妈妈打电话一起下楼来找。妈妈听说找不到天宇，当时就急哭了，懊悔地说："我为什么不让他在家里反省呢？我为什么要让他站在我看不到的地方呢？"情急之下，妈妈报了警，因为失踪不到24小时，警察局不给立案。不过几个好心的警察看到妈妈急疯了的样子，也帮忙一起找。还有个警察调看了录像，发现天宇上了11路公交车。警察马上把这个情况反馈给妈妈，妈妈突然想起11路公交车可以去姥姥姥爷家，赶紧打电话问姥姥姥爷情况。不想，姥姥姥爷说没有看到天宇。妈妈简直要昏倒，她懊悔万分："我的儿子呢？我的儿子去哪里了？我要我的儿子啊，我再也不逼着他学习了！"后来，闻讯赶来的小姨沿着11路公交车的线路一路寻找，终于在半路上找到了正在朝着姥姥姥爷家的方向走路的天宇。小姨一把抓住天宇："天宇，你怎么下车了，怎么不坐车到姥姥姥爷家里啊！"天宇独自一人在黑夜里走路，显然也受到了惊吓，马上扑到小姨怀里委屈地说："小姨，你终于来了。我只有做十站地的钱，所以我就半路下车了。"小姨又心疼又生气，说："你这个傻孩子，你妈妈快要急疯了，你怎么走了也不告诉爸爸妈妈呢！"天宇伤心地告诉小姨："爸爸妈妈不想要我了，他们不肯原谅我。"小姨这才知道天宇是来投奔姥姥姥爷的。

事后，小姨批评妈妈："姐啊，不是我说你，孩子虽然看着人高马大的，但是还小着呢，分不清你是吓唬他的还是和他说真的。人家父母都有一个黑脸一个红脸的，你和姐夫倒好，俩人一起黑脸，孩子能不害怕吗？只能去投奔姥姥姥爷了。而且，你怎么能让他在门外反省呢，这是找回来了，要是找不回来，你还怎么活啊！孩子是未成年人，不能离开父母的监护，尤其是孩子正处于青春期，容易情绪冲动，你就不怕他冲动之下做出什么无法挽回的事情啊！"妈妈也后悔了说道："我以后再也不这样了，这是老天爷保佑，没要了我的命啊！"

——案例来自爱普生涯青少年生存能力成长中心

天宇并非是主动离家出走，而是在夜晚到来之时，看到爸爸妈妈既没有喊自己回家吃饭，也没有喊自己回家睡觉，因而担心自己是否会在黑洞洞的楼道里站一个晚上，所以才临时决定去投奔姥姥姥爷的。事例中，小姨说的话很有道理，虽然青春期的孩子有了一定的思想和见识，但是他们毕竟不成熟，遇到情况也不能理智思考。如果父母恐吓孩子过度，就会导致孩子完全当真，因而做出难以预期的行为举止。

作为父母，不管多么生孩子的气，都不要把孩子推出家门。这样的行为，必须严格禁止。此外，父母也不要因为一时生气或者冲动，说出不要孩子的话，否则孩子一旦当真，后果也会很严重。不可否认，现代社会人人都承受着巨大的压力，父母不但要应付工作上的难题，还要照顾家庭和孩子，孩子也要应付学习，承受学习上的压力。既然生存都如此艰难，父母与孩子理所应当相依为伴，而不要相互排斥。父母一定要给予孩子信心：不管在什么情况下，爸爸妈妈都是我的倚靠，他们永远不会抛弃我。唯有如此，孩子才会信赖父母，才不会觉得自己被父母抛弃。当然，有些孩子之所以离家出走，也有可能是因为受到社会上不良诱惑的影响，这种情况下父母一定要关注孩子，及时了解孩子的心理状态，才能有效地防患于未然，避免孩子离家出走的恶性事件发生。每个孩子都是父母的心肝宝贝，都是父母的命根子，丢失孩子的痛苦是任何家庭都无法承受的。父母，不应该成为孩子离家出走的推波助澜之人，而应该时刻防范孩子离家出走的发生，也时刻监管好孩子的成长。

学业篇
——青少年学业的6重学习挑战

现代社会，几乎每个父母都是望子成龙、望女成凤的。他们做梦都希望孩子能够在学习上出类拔萃，从而挤过高考的独木桥，考入名牌大学，毕业后有好的工作和安稳的生活。然而，现实是残酷的，总是事与愿违。别人家的孩子最终成为大多数父母羡慕的对象，面对自己的孩子恨铁不成钢而心急如焚，才是大多数父母心态的真实写照。当父母渴盼孩子成才的心，遭遇孩子的厌学之心，不得不说，生活似乎因此充满阴霾，使父母感到窒息和绝望。而孩子呢，在父母过于强烈的渴望之下，也觉得压力重重，人生无处遁逃。

1. 我不想笑：
   不是我冷漠，是你们对我太冷漠

人们常说，孩子是祖国的花朵和未来，也因此大多数人都觉得孩子理应是幸福快乐的，是面带微笑、眼神里充满希望的。实际上，现代社会的孩子，也许小的时候还能无忧无虑地笑出来，而等到长大之后，就很难笑出来了。这是因为，他们在学习上承受了太大的压力，也背负着父母的无限期望，因而总是觉得人生沉重，甚至连笑容都僵化在心底。

孩子为何不爱笑了呢？很多父母都不理解这一点。他们时常对孩子说："爸爸妈妈那么辛苦地工作，为你创造好的条件，你既不用工作，也不用照顾家庭，只需要把学习成绩提高，就足够了。你如此轻松地面对生活，有什么觉得不满的呢？"这么说的父母，一定不理解孩子内心的巨大压力，也不知道孩子真实的心声。其实，孩子整日学习，还要面对老师在一次又一次测试之后给出的成绩排名，正因为他们有吃有喝只需要搞好学习，所以他们反而压力更大。有些懂事的孩子，一旦考试成绩不能达到父母的预期，自己心里都会觉得过意不去，甚至觉得愧对父母。渐渐地，孩子们脸上的笑容消失了，他们的内心变得越来越沉重，再也不愿意绽放笑容。

自从进入高三以来，刘强总是面色凝重，很少笑了。爸爸妈妈看到刘强表情严肃的样子，觉得心里很难过，又联想起很多孩子都有抑郁症，因而思来想去，妈妈小心翼翼问刘强："强子，你最近为何很少笑了呢？以前，你可是特别爱笑的，脸上总是挂着笑容。"刘强皱着眉没有看妈妈，说："我有什么好笑的呢？"妈妈反问："你有什么愁眉苦脸的呢？"刘强说："每天放学一回家，你和爸爸就表情严肃地问我今天测试没有？考了多少分？我有必要笑着回答吗？而且，我的成绩又不是那么好，不能使你们满意，我还嬉皮笑脸的，好吗？"

听到刘强的话，妈妈不由得愣住了："我和爸爸都对你很严肃吗？""当然，"刘强点点头，"你们已经很久没有对我笑过了，我还以为我们家里不需要笑容了呢！"妈妈仔细回想，意识到自己最近和孩子说的有限的话，都是关于学习的，也难怪孩子会觉得内心沉重，也表现冷漠了。妈妈决定当即改变自己，她笑着对刘强说："强子，你不说的话，妈妈还真没有意识到。我们全家都为即将到来的高考太紧张了。没有好心情是不行的，心情太紧张压抑也会影响你的临场发挥。妈妈向你检讨自己，以后我要少问你学习上的事情，多向你绽放笑容，让全家都放松下来。"虽然说完这句话，妈妈很快又恢复了严肃，但是刘强却感受到久违的轻松。周末，妈妈还精心策划了一场全家出游活动，林强的脸上终于绽放出笑容。

——案例来自爱普生涯青少年生存能力成长中心

对孩子的学习，很多父母都觉得不满意，也因而总是黑着脸询问孩子的学习情况。殊不知，冷漠是会传染的，而且孩子也会感受到父母的紧张焦虑和戒备心态。尊重是相互的，真诚是相互的，平等是相互的，其实笑容也是相互的。面对一个对我们微笑的人，我们才能发自内心绽放笑容，而面对一个总是对我们愁眉苦脸的人，我们如何能够放轻松，以笑容相对呢！所以面对孩子的不苟言笑，父母不要觉得孩子内心冷漠，而应该寻找孩子严肃的原因。归根结底，只有当家中充满欢声笑语，孩子才会真正高兴起来。

　　很多父母一味地向给孩子树立家道尊严，生怕如果对孩子笑得太多，孩子就会不尊重父母，也蔑视父母的权威。实际上，父母对于孩子的威信并不是表现在面色严肃上，而是父母要活出精彩的模样，给孩子树立积极的榜样，这样孩子才能以父母为指引和效仿的对象。父母对孩子绽放笑容，才能拉近亲子关系，也让父母和孩子之间的交流、互动进展顺利，孩子自然会从父母身上吸取积极的力量，也让自己得到进步和提升。所以父母在质疑孩子不爱笑之前，先要检查自己的脸上是否挂着笑容，让孩子感受到来自心底的温暖！哪怕孩子正在承受巨大的学习压力，面对重要的考试，父母也必须记住，孩子唯有拥有愉悦的心情和积极乐观的心态，才能超常发挥，取得好成绩。所以笑容的作用不容小觑，每一位父母都要把笑容作为礼物送给孩子。

2. 讨厌学校：
我再也不想去学校

　　只有极少数的孩子天生喜欢学习，对学习充满兴趣和力量，而大多数孩子虽然不特别喜欢学习，但是也不格外厌恶学习，他们知道学习是自己当前阶段人生的任务，是自己必须做好的事情，所以也就按部就班地学习，也经常努力认真，争取取得好成绩。除了极少数勤奋好学和大多数按部就班学习的孩子之外，还有相当一部分孩子有厌学的心态。他们或者从小就厌学，讨厌学习，又或者是到了青春期，才突然了解到很多好玩的事情，导致分散时间和精力，越来越不愿意在学习上投入太多。不管是哪种原因导致的厌学，都会使孩子在学习上的表现一落千丈，甚至在有些不重视教育的家庭中，孩子还会因此彻底辍学，过早地走入社会，也有可能因此误入歧途。

不可否认，对于半大不小的青春期孩子而言，他们虽然有了自己的思想和主张，但是他们距离真正成熟还有很遥远的路需要走。所以他们最好的去处就是留在学校里，接受知识的熏陶。虽然最终在学习上无法取得好的成绩，他们也能在校园里健康地成长，思想得到启迪，走到人生正轨上。而一旦离开学校，他们很容易受到各种诱惑，也导致误入歧途，毁掉整个人生。所以面对厌学的孩子，父母一定不要纵容孩子离开学校，哪怕觉得孩子没有希望考上理想的大学，也要让孩子坚持接受教育。当孩子出现厌学情况时，父母要引起足够的重视，了解孩子为何突然厌恶学习，只有找到根本原因，才能有的放矢，及时解决问题。

自从上了初二，作为留守儿童，杨浩就萌生了退学的意思。她不止一次在奶奶面前提起："奶奶，我不想上学了，我想去打工挣钱。"奶奶年纪大了，从来不知道关心杨浩的学习，只能供给杨浩吃喝，因而对于杨浩说的不想上学，奶奶丝毫没有任何主见，只好打电话给远在外地的杨浩的爸爸和妈妈。

杨浩爸爸和妈妈自从杨浩出生就没有亲自抚养过杨浩，所以也不知道杨浩的葫芦里卖的是什么药。妈妈尽管给杨浩打了几次电话，但是杨浩就是不愿意说明原因，只说自己不想上学了。无奈之下，妈妈只好和工厂请假回到家里，想当面问清楚杨浩。面对风尘仆仆回来的妈妈，杨浩觉得有些羞愧，已经懂事的她知道，爸爸妈妈一直辛苦地在外面打工，就是希望她和弟弟能好好学习，将来不再因为没有文化而吃苦受累。但是，她真的觉得学习很吃力，也不愿意再白白浪费家里的钱去读书了。在妈妈的追问下，杨浩终于说出真实的理由："我的英语成绩不好，我不想继续上学了，吃力也跟不上，还浪费钱。"妈妈悬着的心终于放下来，因为学习不好可以补，她对杨浩说："浩浩，爸爸妈妈就是吃了没文化的亏，现在这么辛苦在外地打工。你语文和数学怎么样？"杨浩嗫嚅着说："语文和数学中等。"妈妈说："既然语文数学还算跟得上，只因为英语没学好就退学，岂不是把一辈子都耽误了吗？妈妈给你报名参加补习班，你把英语补一补，好不好？"杨浩点点头。就这样，妈妈在家待了一个月，给杨浩找到好几个英语补习班，并且她也陪在杨浩身边，竭尽全力鼓励杨浩。直到一个月后杨浩的状态稳定了，妈妈才赶回工厂上班。此后，妈妈隔三岔五就打电话鼓励杨浩，并且告诉杨浩只要努力，不管最终学习成果如何，爸爸妈妈都会无条件支持她。就这样，杨浩最终不仅读完初中，而且读完高中，还考上了一所不错的大学呢！

——案例来自爱普生涯青少年生存能力成长中心

在这个事例中，如果爸爸妈妈不问青红皂白就同意杨浩退学的请求，那么杨浩就会过早地走入社会，各种安全问题也会凸显出来。杨浩最终留在学校，也给予自己更多的时间慢慢成长，去了解和熟悉这个社会，相信她的未来一定远胜于辍学的人生。

除了因为天生不喜欢学习之外，大多数孩子之所以厌学，肯定是有原因的。如果孩子突然出现厌学表现，或者是因为在学习上遇到障碍，也有可能在人际关系上陷入困境，因而才想要逃避。总而言之，孩子的任何表现都有其深层次的心理原因。父母要对孩子负责，除了照顾好孩子的吃喝拉撒之外，还要关注孩子的异常表现，从而及时疏导孩子的情绪，给予孩子及时的引导，也帮助孩子健康快乐地成长。

  需要注意的是，有些孩子厌学是由父母导致的。很多父母对于孩子期望过高，总是要求孩子每次考试都考第一名。试问：作为父母，你能保证自己在每次考试中都赢得第一名吗？或者父母要求孩子必须考上北大清华等国际知名的的大学，那么父母浸淫学习这么多年，为何自己不先考个名牌大学给孩子看看呢？尤其是那些理所当然把自己没有实现的心愿交给孩子的父母，更是对孩子极大的压迫和不负责任。没有人喜欢在压力的状态下被迫做任何事情，正如人们常说的，兴趣是最好的老师，父母要想让孩子爱上学习，就要培养孩子对学习的兴趣，而不要总是强迫孩子学习，让孩子感受到无法承受的压力。其次，很多父母习惯否定孩子，最终导致孩子信心全无，陷入自卑的状态中。其实，只有自信才是成功的条件，父母一味地否定孩子只会让孩子破罐子破摔，甚至彻底放弃努力。所以明智的父母知道，哪怕孩子在很多方面的表现都不尽如人意，父母也要夸赞孩子。好孩子是夸出来的，当父母教会孩子进行积极的自我暗示，孩子才能感受到发自内心的强大力量，也才能够彻底改变人生。对于厌学的孩子，要想改变孩子的厌学状态，办法总比困难多，最重要的在于父母要满怀信心地对待孩子，也要把积极的力量传递给孩子。记住，父母今日的耐心，也许能成就孩子明天的人生，所以父母千万不要忽视孩子的厌学问题，而要给予孩子足够的尊重、理解、信任和爱。

3. 喜欢语文：
　　我就是喜欢语文

　　每个孩子的学习能力都有很大差异，而且针对每个孩子而言，他们在各门学科上的学习能力分布也是不均衡的。很多孩子对于学习方面有特殊的天赋，或者特别喜欢某门学科的老师，也会导致他们偏爱某一门学科。然而，孩子的时间和精力是有限的，很多时候，他们在某一门学科上投入太多，会导致对其他学科的疏忽。在这种情况下，父母要注意不要错误地引导孩子，而要帮助孩子取得各学科均衡发展。否则，孩子只擅长某一门学科，尤其是在基础教育阶段，是无法获得均衡发展的。

　　面对孩子的偏科现象，父母当然会觉得很头疼。实际上，偏科现象是可以避免的。首先，在孩子表现出对某个学科的浓郁兴趣时，父母不要一味地暗示孩子喜欢某门学科，更要避免当着孩子的面说"我家孩子就喜欢语文"或者"我家孩子最不喜欢数学，从小就不擅长数学"等诸如此类的话。这些话，父母看似无心说出来，却会对年幼的孩子形成一定的影响，也使得孩子渐渐地在学习上越来越偏。其次，当发现孩子偏科时，父母还要引导孩子，帮助孩子端正态度。很多父母面对孩子的偏科总是坚决反对，一定要求孩子全面发展，这也的确强人所难了。因为每个孩子在学习方面的天赋是不同的，诸如有人天生擅长感性思维，有人天生擅长理性思维，所以只能相对要求孩子全面发展，而不可能要求孩子做到绝对均衡。

与这些父母恰恰相反，还有些父母发现孩子偏科时，对孩子完全听之任之，根本不采取任何引导孩子的措施，导致孩子偏科现象越来越严重。最后，对于孩子不喜欢的学科，父母还要采取一些卓有成效的引导方式。例如，发现孩子不喜欢语文，就要培养孩子对语文的兴趣。所谓兴趣是最好的老师，兴趣对于孩子学习的促进和激励作用，远远比父母强迫孩子学习的效果更好。当然，培养兴趣的过程中不要一味地强调孩子偏科的坏处，而是要让孩子意识到某一门学科的趣味性和实用性，从而成功激发孩子学习这门功课的动力。总而言之，孩子在学习上总是会出现各种各样的状况，偏科对于孩子的发展而言也是完全正常的现象，父母不要如临大敌，而要怀着轻松的心态以端正的态度应对，从而合理解决问题。

从小，乐乐就表现出对于语文的独特天赋。五岁的时候，他就自主认识一千多字，完全依靠自己读完了《窗边的小豆豆》。从此之后，他更是一发而不可收拾，特别喜欢看书。进入小学阶段，乐乐在语文学习上表现突出，数学的学习则相对一般。

进入初中之后，妈妈担心的问题终于发生了，乐乐唯独喜欢语文，而对于数学学科的学习不感兴趣。这使得乐乐的语文成绩在班级里名列前茅，而数学成绩则非常一般。妈妈对于乐乐的规划很明确，就是希望乐乐能够考上重点高中，从而考入名牌大学。然而，如果数学不好，乐乐显然很难考上重点高中。面对这样的情况，妈妈心急如焚。

在初一的暑假，妈妈为乐乐报名参加了数学夏令营。乐乐由此走入数学的王国，原本只以为语文有用的他，这才意识到数学在生活中的作用非常广泛。而他梦想着成为科学家，如果没有数学知识的支撑，他是不可能成为科学家的。夏令营结束后，乐乐告诉妈妈："妈妈，我以后要认真学习数学了。我以前认为数学只对算账有用，觉得计算器就能取代数学，现在才知道原来那么多学科，都离不开数学啊。"妈妈笑着对乐乐说："乐乐，你的语文很好，语文是基础学科，是帮助人们理解文字的。所以只要你愿意，你能把数学也学习得很好。还记得你小学时候吗？你的计算题总是完成得很好，就是语文在给数学加油啊！而且，每门学科之间都是相辅相成的，并非完全独立的。例如，你如果数学欠缺，就会影响你的物理和化学，所以要及时查漏补缺，才能在学习上取得突飞猛进的发展。"乐乐信心满满地说："嗯，妈妈，放心吧，我一定会把数学学好的！"

——案例来自爱普生涯青少年生存能力成长中心

事例中的妈妈很聪明，她很清楚一味地强迫乐乐学习数学，并不能对乐乐的数学学习起到积极的作用。相反，妈妈为乐乐报名参加了数学夏令营，让乐乐在玩中学，也在玩中意识到数学的重要作用。当乐乐对数学产生浓厚的兴趣，思想也发生转变之后，他当然会主动学习数学了。可想而知，乐乐一定会在数学学习上取得突飞猛进的进步。

导致孩子偏科的原因很多，父母无意间的暗示也可能会导致孩子偏科，而且孩子觉得自己在哪一门学科上学习更轻松，也会情不自禁地倾向于那一门学科。同样的道理，对于自己学习上感到吃力的学科，孩子会情不自禁产生畏难心理。这种情况下，更需要父母引导孩子均衡发展。当然，这并不意味着要扼杀孩子的天赋，当发现孩子在某些方面的确有天赋时，父母也要帮助孩子在均衡发展的基础上学有所长，这也是值得提倡的。

4. 单腿独步：
###　　学习上的瘸腿大王

在各门学科中，只有极少数品学兼优的孩子，才能做到各学科均衡发展，也才能让自己动力十足，在学习上有杰出、优秀的表现。相当一部分孩子因为时间和精力有限，也因为喜好不同，所以他们在学习上往往会出现偏科的情况，例如特别喜欢数学，讨厌语文；或者特别喜欢化学，厌恶物理；也有的孩子不喜欢英语，觉得从头学习一门语言太难了。面对孩子的偏科现象，父母要如何应对，才能让孩子得到均衡发展，也在学习上有突出的表现呢？尤其是很多孩子并非是在某一学科特别突出，而是在某一门学科上成绩较差，这是个难题，也是个必须解决的问题。

在某门学科的学习上表现出明显劣势，这不仅不利于孩子的全面发展，也会导致孩子变成单腿走路，一旦遇到重要的考试就会因为某门学科拉后腿，而导致吃大亏。所以父母要激发起孩子对不擅长学科的学习兴趣，从而让孩子积极主动地学习那门学科，也因为两条腿走路，使得孩子在学习上进步更大，效率倍增。

默默是个偏科特别严重的孩子，她很擅长语文，但是不喜欢学习数学和物理、化学。每当妈妈教育她要好好学习理科时，她总是不以为然："我以后要学习文科，不需要学习理科，我也不喜欢理科。"对于默默的这番理论，妈妈觉得啼笑皆非，忧心忡忡地对默默说："默默，你是要学习文科，但是分科是到高中之后的事情，学有专长更是要到大学才有。你如今只是初中生，等到你中考的时候，语数外和物理、化学，都是必不可少的学科，你正处于打基础的阶段，如果你现在不把数理化学得能说得过去，你连重点高中都考不上，又如何能如愿以偿进入北京大学呢？"妈妈的话使默默陷入沉思，良久默默才说："反正我不喜欢数理化。"

在一次期末考试中，默默的数理化三科成绩加起来还不到一百分。妈妈心急如焚，只好去向老师咨询。老师说："您的女儿经常说您也是文科出身，而且还经常告诉她小女孩就要学习文科，是这样的吗？"妈妈无辜地说："是的啊，我觉得这是男生与女生生理差异决定的啊，并不是某一个男孩或者女孩的个案吧。"老师无奈地说："孩子现在需要进行全面的基础学习，您这样的表达恰恰使孩子产生误解，也对理科完全不感兴趣。我觉得，某种意义上是您误导了孩子。既然现状如此，就只能让孩子多多动手，激发她对物理和化学的兴趣。例如可以经常带她做各种实验，也让她认识到生活中很多有趣的科学现象。"虽然妈妈并不认可是自己导致默默排斥理科学习，但是默默毕竟要面对中考，也只能按照老师说的办了。

经过一段时间的努力之后，默默的数理化成绩有所提高，又因为默默的语文成绩很好，所以她的总分得到了提升，在班级里的名次也向前了。默默觉得很兴奋，妈妈赶紧借此机会教育默默："乖女儿，看看吧，你还是有潜力学好数理化的。而且，只要数理化成绩提高，你的总分就会取得突飞猛进的进步。这就像你以前是用一条腿走路，现在却改成用两条腿走路了，所以你要继续保持下去，让自己腾飞起来。"默默尝到提升数理化的好处，也一鼓作气，继续保持进步的态势。

——案例来自爱普生涯青少年生存能力成长中心

很多老师和父母都误以为女生就应该擅长文科，男生就应该擅长理科，这样缺乏科学依据的断言一旦被孩子听到，就会对孩子产生消极的负面影响，也会使孩子产生畏难情绪，导致他们对某门学科的学习更加吃力，缺乏信心。实际上，不管是男生还是女生，虽然在生理和心理方面存在一定的差异，但是在智力方面其实相差无几。只要端正态度努力认真地去学习，孩子们就能成功地摆脱自卑心理，从而更加坚定不移地走好属于自己的人生之路。

心理学家曾经证实，大多数孩子在先天智力因素方面相差无几，之所以在成长的过程中差距越来越大，就是因为他们后天对于学习的态度，以及努力的程度不同。所以父母最重要的是引导孩子们充满自信，鼓起勇气迎接各种挑战，而不是给孩子下错误的论断，或者给孩子贴标签，导致孩子信心和斗志全无，自然也就会与失败如影随形。

5. 无聊生活：
　　枯燥乏味的学习何时休

没有孩子愿意一直学习，因为孩子的天性就是爱玩、爱自由，所以当看到孩子对学习心生抵触时，千万不要觉得惊讶。反倒是如果有某个孩子始终对学习表现出浓厚的兴趣，而且不叫苦也不叫累，那么这个孩子反倒很反常了。

每当放学的时候，父母都集中在学校门口，彼此议论纷纷，话题无外乎是孩子的学习。有人觉得父母总是对孩子的学习情况老生常谈，并不能起到积极的作用。然而，父母心心念念牵挂的都是孩子，除了关心孩子的吃喝拉撒与衣食住行，似乎就只剩下学习了。正处于青春期的孩子们与父母恰恰相反，他们最不想谈及的就是学习。在大多数孩子心目中，学习不但枯燥无味，而且漫长得无休无止，简直折磨得他们心力憔悴。其实，孩子的苦恼也是情有可原的，因为如今的学校面临巨大的教育压力，为了提升教育质量，同一地区的学校之间还会开展各种各样的竞赛和排名，这使得老师在无奈之下只得给孩子们排名，把压力转嫁给孩子和父母。这种情况下，几乎全家都陷入教育的焦虑状态之中，孩子更是首当其冲成为压力的承担者，也成为学习的唯一承载者。

　　记得前段时间网络上有一个大为流行的段子，意思就是说大多数父母在看着孩子写作业的时候，都状况百出。有的父母说自己简直要犯心脏病了，有的父母说家里已经鸡飞狗跳了，有的父母说快被孩子气死了。总而言之，几乎没有父母夸赞自己的孩子总是能主动积极地完成作业，然后按部就班地预习和复习。大多数父母也怀疑，天底下真的有这么让人省心的孩子吗？可怜的父母们，在拼搏完自己的学业之后，才轻松了没几年，又因为孩子渐渐长大而陷入新一轮的教育大战中，无休无止地保持战斗的紧张状态。尤其是现代教育界还有一个怪圈，即有相当一部分老师都学会了偷懒，学会了把看着孩子写作业、盯着孩子复习功课的任务转嫁给父母。所以有些父母感慨，与其说是孩子上学，不如说是父母重复了一次学习的历程。

　　比父母更苦恼的，是孩子。他们冲在学习的第一线。放眼望去，如今很多一年级的孩子就已经戴上眼镜，而等到了初一，几乎整个班级都全军覆没，每个同学都变成了不折不扣的近视眼。父母在抱怨孩子用眼不卫生的同时，也情不自禁地反思：如今的孩子几乎没有了课外活动的时间，除了上课，就是写作业，要不就是补课，怎么能不近视眼呢！日复一日枯燥乏味的学习生活，让孩子们无处可逃，不堪重负。

学校里举行了期中考试，在一个月前的月考中成绩排名班级前五的乐乐，回到家里却有些闷闷不乐。妈妈问他为什么不开心，他沮丧地说："老师说成绩今晚就会出来，为何不等到明天再出来呢，也可以让我们再逍遥一个晚上。"听到乐乐的话，妈妈不由得生出恻隐之心。的确，每次考试，老师都会加班，当天晚上就把成绩和排名发到班级群里。对于孩子的成绩，有的父母高兴、有的父母忧愁，这样的压力连父母作为局外人都感到压力重重，更何况是作为当事人的孩子们呢！

虽然才上初一，但是学习的节奏已经紧锣密鼓地展开了。几乎每隔一周都要进行单元测试，每个月都有月考，期间还夹杂着期中和期末考试。妈妈也感受到初中的学习压力陡然增大了，而且小小年纪的乐乐居然有了几根白头发，让妈妈心疼不已。有一次，为了避免考试，乐乐居然还在考试当天早晨谎称肚子疼。一向最怕打针的乐乐，这次宁愿和妈妈去医院扎针，也不愿意去学校参加考试，可想而知考试排名给他带来了多么巨大的压力。

——案例来自爱普生涯青少年生存能力成长中心

现代社会，不仅成人压力巨大，孩子们的压力也很大。面对越来越沉重的学习压力，孩子们必然感到心力憔悴，这种情况下，他们对于学习仅存的好感也会消失殆尽。所以父母要想提升孩子的学习成绩，一味地向孩子施展高压政策是不够的，还是要提升孩子的学习兴趣，让孩子从被动地学习转化为主动地学习，学习才能事半功倍。

除此之外，为了让孩子从容应对排名压力，父母还应该增强对孩子的挫折教育。实际上，就算学校里取消了排名，孩子们在不断成长的过程中，未来也必然要面临各种各样的竞争和排名。所以让孩子端正心态，从容地面对排名，引导孩子借助于排名正确认识自己，衡量自己的成绩，这才是最重要的，也是一劳永逸的解决方法。此外，为了减轻孩子的压力，父母还要有意识地看淡排名，毕竟考试的目的是发现问题，查漏补缺，唯有引导孩子踩着失败的阶梯不断前进，孩子才能保持进步，越挫越勇。总而言之，学习不是一件使人愉快的事情，能够苦中作乐的孩子，才能最大限度发挥自身的力量，在学习上再接再厉。否则，孩子一旦被挫折打败，对学习彻底失去兴趣和信心，未来就会非常被动，也难以如愿以偿地取得进步。

6. 自主选择：
　　自己选择，才能一往无前

很多孩子都表现出程度不同的畏难情绪，他们在面对稍微有些难度的挑战时，总是打退堂鼓，不愿意勇敢地迎战。这到底是为什么呢？是因为孩子天生胆怯，还是因为孩子缺乏相应的能力呢？当然，孩子表现出畏难情绪的原因是多种多样的，很有可能有以上两个方面的原因，但需要注意的是，孩子之所为畏难，并不单纯是由这两种原因导致的。很多孩子之所以不愿意勇敢地前进，只是因为选择是父母做出的，而并非他们自己做出选择的。

人都有一种奇怪的表现，对于自己的选择，哪怕前路艰难，也能够一往无前地坚持下去。而对他人的选择，尤其是在被他人强迫去做某件事情时，他们总是平白无故对事情反感，甚至不愿意配合他人完成这件事情。表现在交流过程中，说服工作是难度很大且难以展开的。表现在日常生活中，每个人都愿意出乎本心、无怨无悔地完成一些事情，而不愿意被动和被迫。孩子也是如此。面对相同的结果，如果是孩子自己做出的选择，他们就会不遗余力，而如果是父母强迫他们接受的选择，他们就会消极抵抗，或者顽强抗拒。因而高明的父母面对孩子的厌学情绪，不会一味地强迫孩子必须努力认真的学习，而是会引导孩子自己做出选择，这样才能让孩子主动完成学习任务，提升和完善自己。

正在读六年级的佩佩是个学霸，学习成绩在班级里始终名列前茅。但是佩佩也有一个小小的缺点，那就是她的字写得很难看。妈妈曾经让佩佩参加练字班，但是佩佩很排斥，再加上一直以来妈妈都对佩佩的字不够重视，觉得孩子只要学习好，字就算差一点儿也没关系，所以佩佩就这样继续以一笔丑字当学霸。然而，教育系统突然下了通知，要把字也作为语文学习的重要考核，佩佩一下子就吃了大亏，每次考试，都会被扣掉好几分的卷面分。这几分之差，让佩佩与班级前几名失之交臂，一下子成为班级十名左右。佩佩为此感到很苦恼。

一天，佩佩对着自己的语文试卷出神，妈妈见此情形，赶紧趁热打铁："佩佩，你因为卷面分丢掉好几分，这太可惜了。平日里的考试也许还好，但是到了小升初考试，也许就会错过重点初中呢！"佩佩点点头，忧心忡忡。妈妈赶紧启发佩佩："关于现状，有什么好的解决办法呢？你要是想出来就告诉妈妈，咱们一起去做。只要你不丢卷面分，在班级里还是可以名列前茅的。"佩佩陷入沉思，良久对妈妈说："班级里有很多孩子都参加了练字班。要不我也去学习一段时间吧,就算字不那么漂亮,只要不扣分就行!"其实,妈妈正等着佩佩这句话呢,不过妈妈并没有喜形于色,而是担心地说:"练字班每次练习要一个多小时到两个小时,你现在作业又这么多,你能坚持吗?"佩佩点点头,说:"我能!"就这样,妈妈与佩佩达成君子协议,妈妈负责出钱给佩佩报名参加练字班,佩佩则负责挤出时间按时参加练字班,认真练字,尽量争取不丢卷面分。经过六年级上学期的努力,佩佩的字有了很大的起色,妈妈看在眼里,高兴在心里。

——案例来自爱普生涯青少年生存能力成长中心

在这个事例中,妈妈曾经说服佩佩参加练字班,但是佩佩拒绝了。妈妈没有勉强佩佩,后来等到字迹被纳入语文学习的重要考核标准,而且佩佩因为字迹丑吃足了苦头,妈妈才再次引导佩佩找出解决方案,由佩佩亲口说出参加练字班的请求。这样一来,妈妈就从被动变成主动,佩佩也从被强迫学习变成了主动学习,效果自然非同凡响。

事例中妈妈说服佩佩的方法很经典,即把妈妈的意思交由佩佩说出来,对于自己所做的决定,佩佩又怎么可能反悔或者不愿意执行呢,所以也就省去了妈妈说服佩佩的辛苦。当孩子在学习上遭遇困境和瓶颈时,父母与其对孩子指手画脚,强迫孩子必须怎么做,还不如引导孩子做出自己的选择,这样孩子才能心甘情愿坚持自己的选择,也让问题得以圆满解决。很多父母都因为孩子总是不听话而烦恼。殊不知,让话从孩子的心中流淌出来,让最佳方案从孩子口中说出来,一切难题就会迎刃而解。

社会篇
——青少年人际的8大关键问题

从呱呱坠地开始,在很长的一段时间里,孩子的生活和世界中只有自己的父母、亲人、兄弟姐妹等。这些人都是孩子的亲人,都会包容和宠爱孩子,孩子也因此变得唯我独尊,甚至觉得整个世界都要围着他转。直到渐渐长大,孩子从走入幼儿园,到走入小学,再到走入中学,由此拉开了人际交往的序幕,也正式成为社会的一员。在这个阶段中,错综复杂的人际关系让孩子吃足苦头,他们只能在磕磕绊绊中不断成长,逐渐走向成熟。

1. 我与朋友：
乖宝宝突然"狐朋狗友"满天飞

在很多父母心目中，他们的孩子都是非常乖巧可爱的，而且也很懂事听话。殊不知，随着孩子渐渐长大，曾经那个父母的跟屁虫已经成为独立的生命个体，也渐渐地摆脱父母的照顾和限制，开始了自己的社会交往。从孩子进入幼儿园开始，就经常回家告诉父母自己与某某小朋友是好朋友，到转眼之间孩子已经进入初中，他们拥有了真正的朋友。而且因为社会交往意识的发展，很多青春期的孩子都会以自己拥有多少朋友为骄傲。实际上，在这个阶段里，孩子们还无法区分真正的朋友和伪朋友。很多时候，他们自以为在一起说几句话就是朋友，就能肝胆相照，实际上真正的朋友并不在于表面关系的亲昵。

也因为对朋友关系的误解，青春期的孩子总会突然多出一些"狐朋狗友"，他们还会自豪地向父母介绍："这是我的好朋友""这是我的哥们""这是我的兄弟"等。不得不说，这个阶段孩子们对于朋友的理解太肤浅了。不过这也使他们身边簇拥着各色人等，也使他们得到了所谓平等和尊重的朋友关系，满足了他们对于人际相处的虚荣心。在此期间，有些父母会限制孩子的交往，觉得孩子已经被友谊的假象蒙蔽了眼睛，无法做出正确的选择。实际上，这反而会激起孩子的逆反心理，导致孩子更去结识形形色色的人，反而使得交往更混乱。其实，父母要想真正引导孩子，就要利用影响力巧妙影响孩子，从而帮助孩子树立正确的交友观，也让孩子发展良好的人际关系。

进入初三，爸爸妈妈发现原本人际关系简单的娜娜突然变得神秘起来。娜娜变得特别爱接电话，对于电话铃声特别敏感，总是在电话铃响的第一时间跳起来去接电话，速度快到爸爸妈妈都没反应过来。有的时候，娜娜还会拿起分机去自己的房间里接电话，声音压得低低的，显得很神秘。对此，爸爸妈妈百思不得其解，甚至怀疑娜娜是否早恋了，否则为什么会这么紧张呢？

有的时候，娜娜会心神不宁地等电话、不写作业，在客厅里走来走去，似乎只等着电话铃声响起。爸爸妈妈实在按捺不住好奇心，终于在娜娜有一次去卧室里接电话时，拿起了客厅里的话筒。听着电话里娜娜和女同学相谈甚欢，妈妈悬着的心才终于放下来。然而，有一次娜娜不在家，妈妈接到了一名男生的电话，也是找娜娜的。在得知娜娜不在家之后，那名男生就挂断了电话，不愿意与妈妈多说什么。等到娜娜回家之后，妈妈按捺不住问了娜娜，娜娜不以为然："他们都是我的朋友，我有交朋友的权利和自由吧？"一句话说得妈妈语塞，也想不出任何反驳的话来。很长一段时间里，家里的电话依然很热闹。后来，娜娜索性要求爸爸妈妈为她配备一部手机，从而方便与朋友们联系。在被妈妈拒绝之后，娜娜更加明目张胆与朋友们打电话，爸爸妈妈也不知道娜娜为何突然之间就有了这么多朋友。

——案例来自爱普生涯青少年生存能力成长中心

事例中的娜娜正处于青春期，从青春期刚开始时孩子们对外界心怀警惕，到渐渐地走入外界，认识和了解外界，孩子们的内心越来越开放，也体会到交朋友的乐趣。这样一来，原本封闭保守的孩子就走入另一个极端，恨不得马上拥有更多的朋友，从而让自己的生活变得更加热闹，而且也能证明自己已经长大成人的事实。妈妈的窥探以及拒绝给娜娜买手机的举动，非但没有让娜娜控制自己的交友欲望，反而让娜娜变本加厉。实际上，交朋友也是孩子处于青春期的一种心理需求，父母哪怕担心孩子交友不慎，也不能盲目阻止孩子交朋友，否则就会导致事与愿违。

为了更好地陪伴孩子，父母可以成为孩子的朋友，这样无需窥探孩子，就可以了解孩子的内心，也能对孩子的成长起到引导的作用。当孩子把父母当成知心人，不管结交了什么新朋友都愿与父母分享自己的喜悦，父母还有什么好担心的呢？当然，需要注意的是，不管父母与孩子是怎样的关系，也不管父母对于孩子的内心世界多么好奇，父母都要尊重孩子，尤其是要尊重孩子的隐私，这样才能得到孩子的信任，也才能与孩子建立良好的、沟通无障碍的亲子关系。

2. 宅男宅女：
　　藏在家中无人识——宅男宅女的青春梦

随着网络的发达，很多孩子不愿意走出家门与伙伴们相处，与"狐朋狗友满天飞"的孩子相比，他们的人际关系特别简单，社会交往甚至接近于空白。相比较走出去，他们更愿意宅在家里，因为家里让他们感到自在，也使他们少了在人群中的拘束。不能说这些宅在家里的孩子是局限的，因为通过发达的网络，他们同样可以得到外部世界的很多咨讯。他们只是更喜欢虚拟的网络世界，而不愿意和关系复杂的现实社会进行更多的接触。

然而，人毕竟是社会性动物，不管是成人还是孩子，归根结底要回归人群，也要走入社会。假如孩子长期处于宅的状态，渐渐地，他们正常的学习生活也会受到影响。有些孩子甚至拒绝上学，宅在家里几年不出门，整日沉迷于电子游戏，或者是看一些不健康的网络内容，不得不说，这样的宅已经宅出问题了，而且也会导致孩子们的身心健康都受到严重影响。所以父母在面对孩子宅时，一定要引起足够的重视，其实很多孩子的宅之所以变本加厉，与父母的教育方式也有很大的关系。不管孩子因何原因脱离社会，父母都要及时给予孩子引导，从而帮助孩子回到生活的正轨上。

小威十七岁，自从一年前拒绝上学，在整整一年的时间里始终宅在家里，不愿意走出家门半步。对于小威的现状，爸爸妈妈心急如焚，但却不知道问题出在哪里。据妈妈说，小威小时候在老家上学，小学期间成绩一直很好。后来，爸爸妈妈把他接到大城市，留在身边读书，因为上的是重点中学，所以小威的成绩一直很一般。在班级里，小威几乎没有朋友，因为小威从小一直在老家长大，不会说普通话，所以小威带着老家的口音，总是招致同学们的嘲笑。就这样读完初中，高一才上了一年，小威就辍学了。

辍学之后，小威有的时候会去爸爸妈妈开的门市帮忙做点儿零碎活儿，爸爸妈妈也一直在劝说小威继续读书，至少也要读大学吧。有段时间，小威请求妈妈为他买一部手机，但妈妈担心小威学坏，拒绝了小威。从此之后，小威不再出门，甚至在自己的卧室吃饭、除了上厕所很少出来。而爸爸妈妈忙于生意，渐渐地也就疏忽了小威。直到有一天，妈妈无意间发现小威正在卧室里的电脑上看色情片，才如临大敌，当即狠狠地骂了小威一通。

——案例来自爱普生涯青少年生存能力成长中心

在这个事例中，毫无疑问，小威的爸爸妈妈存在很大的问题。首先，小威原本在老家长大，父母在没有征询小威意见的情况下，就把小威带离熟悉的生活环境，让小威在大城市的重点初中读书。一口浓重的乡音，不出色的成绩，一直使小威非常自卑。后来，小威辍学，爸爸妈妈也没有问清楚原因，而是任由小威自行其是。最可怕的是，明明知道小威一年不出家门，爸爸妈妈却依然听之任之，丝毫没有对小威表现出关心。不得不说，这样的父母实在是太愚昧无知，也对孩子太不负责任了。

每个人都具有社会属性，孩子随着年岁不断增长，社会需求也越来越高。对于孩子而言，最明显的社会需求就是与人交往的需求，如果孩子始终把自己关在家里，又怎么能够健康快乐地成长呢？这么说的意思不是不让孩子宅，而是要适度引导孩子，让孩子回归生活正轨。尤其是当孩子表现得很异常时，父母一定要马上与孩子沟通。记住，不要质问孩子，因为很多孩子出现心理问题都绝非自愿，而只是因为他们不知道如何更好地对待自己。作为孩子的监护人，作为孩子的领路者，父母要全方位关注孩子，也要积极地引导孩子，从而帮助孩子保持正确的人生方向，茁壮成长。

3. 追梦人生：
　　追星一族，只是需要一个偶像用来崇拜

青春期的孩子，最喜欢追星，几乎每个少男少女的心中都有自己喜欢的明星和崇拜的偶像，甚至有些孩子追星已经到了痴迷的程度，完全忘乎所以。对于孩子追星的行为，如果不影响学习，大多数父母都能坦然面对。而一旦孩子的追星行为影响了正常的学习和生活，父母就不淡定了，总会采取各种手段限制孩子继续追星，甚至还会给孩子下最后通牒。有些

毫无技术水平的父母，索性把孩子追星搜集的各种物品都扔掉，想借此彻底断绝了孩子追星的念头。毫无疑问，类似的方法都不是好办法，只会让孩子的感情受到伤害，甚至故意与父母对着干。

孩子为什么会追星呢？只有搞明白这个问题，父母才能更好地应对孩子的追星行为。实际上，除了走火入魔的追星族之外，大多数孩子追星，只是需要一个偶像来崇拜。青春期的孩子或多或少都有完美主义的情结，现实生活中，不管是父母还是同学，在他们心目中都不够完美，也不值得崇拜，所以他们就把远离现实生活的明星当成自己崇拜的偶像。有的时候，他们通过偶像的很多事例也会得到积极的力量，从而激励自己，让自己不断努力奋进。从这个意义上而言，偶像对于青春期孩子产生了积极的作用。

很多父母一看到孩子追星，马上就会如临大敌，似乎那些歌星影星都是恶魔妖怪，会让孩子心智迷乱。如果父母能够理智一些，多花些心思了解孩子为何追星，那么就不会做出伤害孩子感情的荒唐事。当父母理解孩子对于明星的喜爱和崇拜，也引导孩子向明星的优点和长处多多学习，那么追星就会成为有助于孩子成长的好事情，父母也会成为孩子追星的陪伴，与孩子拥有更多的共同语言。

近来，小米迷上了周笔畅，把自己的整个卧室都贴满了周笔畅的海报，而且拿出很多的压岁钱购买周笔畅的唱片。对于小米的疯狂行为，爸爸妈妈都很难理解：不就是一个超女吗？有什么过人之处居然把小米迷成这样呢？

原本，爸爸建议强制小米不要再追星，妈妈却觉得爸爸的方法太过简单粗暴。为了走入小米的内心，了解小米为何喜欢周笔畅，为此，妈妈在网络上查了很多关于周笔畅的资料。这才知道，周笔畅并非是个外强中干的女孩，相反，周笔畅的学习成绩非常好，高考时以总分681分，成为广东省的第二名。而且在读大学时，周笔畅也勤奋好学，才大三，就顺利通过了英语六级。总而言之，周笔畅并非大多数人以为的就是个凭借舞台一炮走红的幸运女孩，相反，她才华横溢，是个全面发展、多才多艺的女孩。得知周笔畅的履历，妈妈不由得怦然心动：如此优秀的女孩，的确配得上成为小米的偶像。当晚，妈妈听到小米正在听周笔畅的唱片，对小米说："小米，你这么喜欢周笔畅，她一定是个非常优秀的女孩。"小米看到妈妈非但没有像大多数父母那样反对自己追星，而且还认可自己的眼光，赞美周笔畅，当即变得兴奋起来。平日里沉默寡言的小米，居然兴致勃勃地和妈妈谈了一个晚上，也让妈妈知道了周笔畅更多的事情。

后来，得知周笔畅要来本市举办演唱会，妈妈四处托人找关系，给小米弄到了演唱会的门票。小米兴奋不已，抱着妈妈不停地亲吻，妈妈笑着说："哈哈，你要是像周笔畅一样优秀，也就不枉费妈妈的一番苦心啦！"小米当即向妈妈保证："妈妈，放心吧，我一定会非常努力的。就算没有周笔畅那么优秀，也绝不给您丢脸。"果然，现场听完周笔畅的演唱会后，小米就像打了鸡血一样，刻苦努力地学习，而且对于曾经不喜欢的英语学科也兴趣浓郁。

——案例来自爱普生涯青少年生存能力成长中心

事例中的妈妈非常聪明，她否定了爸爸简单粗暴的方法，先了解周笔畅，然后再有的放矢认可小米的眼光。看到妈妈对于周笔畅也如此认可，小米自然觉得自己找到了同道中人，因而对妈妈也无形中变得亲昵起来。这样一来，小米在周笔畅的榜样作用下，学习上动力十足。其实，很多青少年都会有追星行为，也有心理学家指出，青少年时期的显著心理特点就是喜欢崇拜偶像。所以父母不要对青少年的追星行为视为洪水猛兽，而恰恰可以借此机会发现孩子追求的明星身上的闪光点，从而对孩子起到积极的正面引导作用。

每个人都有自己的偶像，作为父母，其实也有自己崇拜的人。那么面对孩子的追星行为，父母也要给予更多的理解，甚至在条件许可的时候，支持孩子追星，引导孩子学习偶像的过人之处。这样一来，孩子追星就不会成为亲子危机的导火索，也会成为亲子间最好的话题和共同点。归根结底，孩子需要的是父母的理解，而不是父母一味的否定和指责。

4. 我不知道：
各自为政的友谊，少了几许谅解

青少年的友谊是纯洁的，也是脆弱的。很多青少年之间轻而易举就能建立友谊，而友谊的小船却经不起任何风吹雨打，也许遭遇小小的风浪就倾覆了。归根结底，并非是青少年不懂得珍惜友谊，而是他们对于友谊的理解还有一定的局限性。尤其是现代社会，大多数青少年都是独生子女，是4-2-1家庭中的1，也是很多长辈和父母疼爱与呵护的焦点所在。在这种情况下，他们难免会形成主观意识，甚至误以为自己就是宇宙的中心，连银河系都围绕着自己旋转。毫无疑问，他们的自以为是，很难理解和体谅所谓的朋友，自然会导致在友谊中各自为政，各行其是，也就少了几许谅解，少了几分宽容。

看到青少年对待友谊如此不珍惜、又如此轻视，父母难免觉得惋惜。正所谓多条朋友多条路，朋友是每个人一生的陪伴，每一个父母当然希望自己的孩子能拥有真正的好朋友，人生也不再孤单。然而，青少年各自为政的友谊，是他们必然要经历的人生阶段。常言道，拥有时不知道珍惜，失去时才追悔莫及，大概青少年在友谊的道路上，也必须经历失去的痛苦，才能得到成长，学会珍惜吧！

珍珍和西西是好朋友。她们从初一开始就是同桌，她们的家正巧也在同一个方向，所以她们简直情同姐妹，经常一起上学放学，形影不离。然而，有一段时间，西西和珍珍突然间反目成仇了。这让同学们都丈二和尚摸不着头脑，根本不知道发生了什么事情。西西和珍珍却很清楚，她们彼此之间已经失去了信任。

原来，珍珍喜欢上了隔壁班级的一个男生，因为不好意思表白，便让自己的骨灰级闺蜜西西代替自己传递"爱的小纸条"。西西当然愿意，毕竟这关系到好朋友的"初恋"啊！因而西西冒着极大的风险把纸条送给那个男孩。然而，如此一来二去，男孩与珍珍虽然很少见面，但是与西西却越来越熟悉，从最初的传递纸条之后就离开，到后来传递纸条的时候随口说几句，再到后来居然能站在一起交谈半个小时。西西渐渐发现，自己也越来越喜欢这个男孩了。如果西西只是单相思倒也还好，重要的是那个男孩也喜欢上了西西，并且在纸条里拒绝了珍珍的好感。后来，男孩对西西展开攻势，这一切当然逃不过珍珍的眼睛，珍珍也就从此对西西躲开了，并且彻底把西西看扁了。珍珍不知道的是，西西已经拒绝了男孩的好感，而且向男孩表示不再见面和交谈。就这样，曾经的好朋友一夜之间成为陌路，珍珍对西西怒目以视，不愿意原谅西西。

——案例来自爱普生涯青少年生存能力成长中心

  青春年少的男孩和女孩，总是会因为这些成年之后看起来觉得好笑的事情，如临大敌，慎重对待。甚至几年的同桌、姐妹情谊，也远远不如一个误解来得威力巨大。我们无从得知珍珍和西西最终是否和好，但是这青涩的初恋一定会深深地留在她们的记忆深处，等到有朝一日回想起来时，她们肯定会忍不住哑然失笑。

  假如西西能够了解珍珍受到伤害的感觉，珍珍也能知道哪怕是青涩的初恋，同样是需要两情相悦的，相信珍珍和西西的友谊还会继续维持下去，而那个男孩最终只会成为她们闺蜜情深的过客。遗憾的是，青春年少的青涩不仅表现在爱情上，也表现在友情上，很多误解就这样带着淡淡的忧伤留在心底，挥之不去。等到终有一日知道友谊需要理解和宽容，少年们也就真的长大了。

5. 谁主人生：
是你要生我的

比起懵懂无知的孩子来说，青少年应该是懂事的，也就能够理解和体谅父母的辛苦，与父母之间建立良好的关系。然而，这只是一种美好的想法而已，实际上，很多父母都觉得青少年尽管懂事，有的时候却口不择言，简直能把人气到吐血。到底为什么他们总是说那些伤害父母心的话呢？其实，孩子并非是故意的，只是他们既然懂得了更多的道理，也掌握了语言表达的技巧，那么在必要的时候，尤其是在冲动的情况下，他们当然要口无遮拦地说出来，彰显自己语言方面的实力。

父母之所以极度受伤害，就是因为他们不把青少年当孩子看待，而是不知不觉中把青少年当成大人了。他们对于半大的孩子非常较真，因为孩子无心或者一冲动的一句话，就痛彻心扉。殊不知，在父母还没有为自己疗伤治愈之时，青少年就已经心无芥蒂，再次陪伴在父母身边，当那个不愿意长大的小孩了。所以父母要想经营好亲子关系，就一定要摆正心态，端正态度，从而也捋清亲子关系，给予自己更多回旋的余地。其实在很多亲子冲突中，孩子依然处于弱势，是父母的不依不饶把形势推高到无法降低的位置，尴尬和难堪也就在所难免了。

近来，恨铁不成钢的妈妈对于乐乐在学习上的表现实在不满意。原来，乐乐自从经过六年级的冲刺，凭着实力考入这所重点初中后，就总是洋洋得意，不愿意继续努力了。这不，开学半个学期，乐乐嘚瑟了半个学期，结果导致最擅长的语文都出现滑坡，成绩大不如前了。

在最近的一次月考中，乐乐的语文试卷上基础分居然被扣掉十分，这让一贯坚持"不会可以学习和弥补，但是懒惰不能原谅"的妈妈怒不可遏，恨不得直接把试卷摔到乐乐的脸上。一开始，看到妈妈歇斯底里的样子，乐乐觉得很紧张，也很害怕。然而，随着妈妈盛怒之下说出的话让乐乐颜面尽失，乐乐也开始愤愤不平。当听到妈妈说"你看看王佳，人家的成绩怎么就那么稳定"时，乐乐似乎一下子找到反驳的机会，带着吊儿郎当的态度说："王佳好，你去认王佳当儿子啊。你要是觉得生我后悔了，给你丢脸了，你也可以不生我。总而言之，是你要生我的，我可没让你生我！"妈妈被乐乐的话气得七窍生烟，忍不住呜呜哭起来。这时，爸爸正巧下班回家，赶紧充当救火员的角色，把妈妈请回卧室冷静，让乐乐留在自己的卧室反省。

安抚好乐乐的情绪后，爸爸也知道了前因后果，因而忍不住教育乐乐妈妈："你也真是的，你不知道你儿子自尊心脆弱，从小就烦你拿他和其他孩子比较吗？这下好了，你可算知道他的厉害了，再也不要这样进行毫无意义的比较了。其实乐乐说得也有道理啊！别人家的孩子再好也不是你生的，他就算再不好，也不是他求你生他的。所以养育他是咱们的责任，不是咱们对他的施舍。"妈妈被爸爸这番话说得破涕为笑，嗔怪道："这个小兔崽子，我真是讲理也讲不过他，打也打不过他了。"爸爸给妈妈擦干眼泪说："你看，你对现实也认识得很清楚。别说你打不过他，我也快打不过他了，所以我们以后还是中规中矩当父母，不要对他吆五喝六的了，省得自找难看。"

——案例来自爱普生涯青少年生存能力成长中心

很多父母在认知上都存在一个误区，即总觉得是自己生了孩子养了孩子，孩子就欠着自己莫大的人情，怎么还也还不完，必须一辈子当牛做马、对父母言听计从才行。事例中的乐乐虽然被妈妈气昏了头，说出来的话却很有道理。的确，每一位父母在生孩子之前，都从未和孩子商量过。父母只是为了自己才要生孩子，而不是为了孩子才要把孩子生出来。所以父母不应该觉得孩子欠着自己的，而要意识到养育孩子是自己义不容辞的责任，更不能向孩子讨债。作为父母，唯有摆正心态，才能以恰到好处的姿态与孩子相处。

每一个父母都要记住，不是孩子自己要出生的，既然把孩子生出来，就要对孩子负责，而不要轻而易举就把养育孩子的责任都记到孩子的头上。要想避免孩子与父母针锋相对、丝毫不感恩父母的养育之恩，并且说出如此伤人的话，父母就不要总是对孩子逼债。记住，孩子不是讨债鬼，父母也不是。真正明智的父母，会给孩子空间成长，既不让孩子承载父母未完成的心愿，也不让孩子失去自我一味地为父母而活。孩子就是孩子，孩子也有属于自己的人生，孩子也有主宰人生的权利。

6. 自信力量：
　　自信的人生才能不断成长

青春期的孩子看起来就像是刺猬一样浑身长满了刺，让父母感到头疼不已。实际上，孩子并非真的那么强大，因为处于青春敏感期，所以很多孩子都很敏感，甚至有些孩子很自卑。他们的感情细腻，看起来大大咧咧却很容易受到伤害，也导致自己的内心充满悲戚。

众所周知，自信是人生中最重要的力量。唯有自信的人，才能以昂扬的姿态向上生长。而一个自卑的人，时时刻刻否定自己，那么他们最终会一事无成，甚至没有勇气面对人生。很多青春期孩子都会感到自卑，他们自卑的理由千奇百怪，诸如觉得自己没有其他同学高大强壮，觉得自己没有其他同学优秀，甚至连自己的爸爸工作不够好、薪水不够高或者妈妈不够漂亮苗条，都能成为他们自卑的理由。归根结底，这是因为他们的内心虚弱和脆弱导致的。要想改变孩子的自卑，父母就要多多鼓励孩子，也要让孩子意识到内心强大才是真的强大，唯有趾高气扬地面对人生，才能坦然行走人生之路，也才能不断成长与进步。

一直以来，她都知道自己的儿子和其他小朋友不一样。他说话晚，走路晚，都已经好几岁了，做什么事情都跟跟跄跄。小学阶段，她去参加儿子的家长会，儿子没有回家一直等在校门外。好不容易等到她出来，儿子赶紧问她："妈妈，老师说我什么了吗？"妈妈的眼睛里瞬间溢满了泪水，她不想告诉儿子被点名批评的事情，因而她表扬儿子："老师说你表现很棒。以前，你只能在板凳上坐几分钟，现在你都可以在板凳上坐半节课了！"当天晚上，儿子兴奋不已，居然没用妈妈喂饭，自己吃掉了一大碗米饭。

转眼之间，儿子上初中了。在初中的家长会上，老师告诉她："你应该带孩子去医院检查下，我觉得他可能有智力问题。"回到家里，看着儿子充满渴盼的眼神，她坚定地对儿子说："儿子，老师说你进步很大，你已经从48名进步到40名了。老师说，只要你继续努力，你还可以进步10名。"听了她的话，原本垂头丧气的儿子突然间振奋起来。次日清晨，儿子早早起床，说要去学校背诵语文课文，读英语。在中考前的动员大会上，妈妈一直等着被老师点名批评，然而直到家长会结束，老师也没有提起她的儿子。会后妈妈主动找到老师询问情况，老师说："以你儿子眼下的学习情况，还要再多多努力才能考上重点高中。"她的心中一下子洒满阳光，她步履轻盈地走出校门，笑逐颜开地对儿子说："老师说，你继续努力，就能考上重点高中。"

在重点高中经过三年的学习后，她终于等来了孩子的大学录取通知书。果然，儿子如同她所期望的那样被一所全国著名的大学录取，这一次，她忍了十几年的眼泪终于倾泻而出。比她高出一头的儿子紧紧地拥抱着她，把她揽在怀里，说："妈妈，谢谢你一直相信我，让我充满信心……"

——案例来自爱普生涯青少年生存能力成长中心

哪怕是一个先天条件不怎么好的孩子，在妈妈用心的鼓励下，也能充满信心地面对人生之路，走好人生之路。对于敏感的青春期孩子而言，每一个孩子都是智慧的精灵，也有着最敏锐的触觉，如果父母能够像事例中的这位妈妈一样始终坚持鼓励孩子，给予孩子信心和勇气，相信孩子最终一定会给父母带来喜出望外的惊喜。

　　信心，是人生中必不可少的力量源泉，孩子只有充满信心，才能更加昂扬向上地生长。反之，如果孩子对自己没有信心，始终觉得自己毫无可取之处，那么他们就无法勇敢地迎接机会和挑战，人生自然就会失去动力，变得止步不前。所以，当父母发现孩子陷入沮丧和绝望之中时，不要忙着打击孩子，而是要帮助孩子建立信心，这才是让孩子真正强大起来的根本方法。

7. 与食为敌：
　　孩子为何厌食与贪食

　　迄今为止，相信很多人还会记得一部关于厌食症的电影，电影中让人惊骇的一幕，是一个小女孩每次都会狼吞虎咽地吞吃很多食物，而在吃掉食物之后，又会用手指刺激自己的咽部，把吃进去的食物全部吐出来。为了避免被家人发现，她还把食物吐在瓶子里，然后藏在衣柜中。现在想来，这个小女孩的怪异行为，就是食物成瘾行为的一种表现，既是贪食，也是厌食，所以她才会在贪婪地吃完食物之后再用外部刺激的方法让自己把食物吐出来。

不了解贪食与厌食的人，一定觉得这就是简单的进食问题，无关乎心理。实际上，不管是贪食还是厌食，都是精神疾病导致的。众所周知，民以食为天，人要想维持正常的生理活动，就必须依靠进食来维持机体的各种功能，而一旦人开始与食物为敌，也就意味着生存受到了极大的威胁。

现代社会，青少年面对的各种问题层出不穷，其中，尤其以心理和精神层面的问题影响最恶劣、后果最严重，也是最难以治愈的。心理学家经过研究证实，很多幼年时期，甚至是襁褓时期发生的事情，都会给青少年甚至是成年人带来难以磨灭的影响。因而当发现孩子出现与食为敌的情况时，父母千万不要轻视，而要引起重视，也积极地帮助孩子度过艰难的时刻。

特特是个小胖子，从四五岁的时候就发胖，到如今已经十二岁了成为典型的小胖子，以160厘米的身高承受150斤的体重，而且在体检中被医生警告已经患有轻度脂肪肝。面对特特的身体状况，妈妈表现出极度的焦虑。因而，妈妈决定开展对特特的饮食控制，帮助特特减轻体重。

每天一到吃饭的时候，妈妈总是面色严峻地提醒特特："知道该吃多少吗？"每当这时，已经有些懂事的特特都恨不得找个地洞钻进去，哪怕是在家人面前，他也不想承受这样的难堪和尴尬。起初，特特控制食量进展艰难，因为他俨然已经成为大胃王，吃得少并不能减少饥饿感。渐渐地，特特开始厌倦吃饭，哪怕特别饿，他也不想去餐桌和大家坐在一起。当特特遇到喜欢的食物，想要多吃一些时，妈妈总是声色俱厉："你难道还不够胖吗？真的想被胖死吗？"特特就缩回筷子，满脸通红地回到自己的卧室。

终于有一天，特特在吃完饭之后突然吐了。起初，妈妈以为特特是不小心着凉了或者患了感冒，也或者食物不合胃口。然而，随后好几次吃饭，特特在吃完饭之后都想吐或者也真的吐了。妈妈这才慌了神，赶紧带特特去看医生。然而经过检查，医生判断特特的胃肠道很正常，建议妈妈继续观察特特，如果呕吐的情况没有好转，就要带特特去看神经科。妈妈不知道呕吐和神经科有什么关系，但是既然肠胃没有问题，她也就带着特特回家了。

一个星期里，特特几乎吃什么吐什么，而且精神萎靡不振。妈妈很害怕，突然想起医生曾经建议她带特特去精神科，就像抓住了救命稻草一样，赶紧带着特特去拜访精神科医生。经过一番检查和询问，精神科医生断定特特得了厌食症。在医生的解释下，妈妈对于自己曾经对特特的冷嘲热讽和过度控制追悔莫及。特特很快就消瘦下去，妈妈如今面对的问题是要激发他的食欲，让他的进食不再紊乱，恢复正常。

——案例来自爱普生涯青少年生存能力成长中心

特特之所以得了厌食症，显而易见是因为妈妈在短时间内突然对他开展高强度的饮食控制，而且妈妈的语言表达方式很不恰当，严重伤害了特特的自尊心。这一系列的负面感受联系到一起，特特心中渐渐觉得进食是一件耻辱的事情，因而潜意识也就更加排斥进食了。面对得了厌食症的特特，妈妈后悔万分，然而，要想让特特的进食恢复规律，不再紊乱，这也是很难的。

除了妈妈的控制欲过强之外，如果妈妈在孩子的成长中缺席，导致孩子缺乏母爱，或者孩子与父母的关系不和谐，也会导致孩子出现厌食症或者贪食症的症状。对于食物的排斥抗拒或者是过分喜爱，绝不仅仅是身体需要那么简单了，而意味着孩子的心理健康出现问题，才会导致他们的进食行为异常。所以对于青春期的孩子，父母理应给予他们更多的关注，不但照顾好他们的饮食起居，更要关注他们的情感和心理健康。有些时候，孩子内心纠结不安，也会表现在与食物的艰难对抗上。总而言之，父母要走入孩子的内心，引导孩子的心理健康，才能让孩子更快乐地成长。

8. 反对社会：
孩子为何厌恶社会

在加拿大，一个八岁的少年看到印度洋发生海啸，发动善心，马上开展募捐活动。最终，他的行为引起了很大的社会反响，在世界儿童发展基金会的协助下，这位男孩为印度洋海啸中的难民们筹集了几十万美元。同样是孩子，美国一个四岁的小男孩，因为被年仅两岁的弟弟激怒，就从妈妈的手提包中拿出手枪，对着弟弟的太阳穴扣动了扳机。八岁的孩子，为何就出现如此明显的亲社会行为呢？也许是天生善良，也许是父母教育有方。然而，在第二个事例中，四岁孩子的愤怒真的让人难以想象，更无法接受。从社会的角度而言，这个四岁男孩的行为是典型的反社会行为。

毋庸置疑，所谓亲社会行为，就是人们表现出来的对社会有益的行为。例如遵守社会公共秩序，积极参与慈善事业，与他人友好相处等，这些都属于亲社会行为。与亲社会行为恰恰相反，反社会行为表现出对社会的憎恨、厌恶，以及对他人的攻击和破坏。总而言之，亲社会行为有助于社会生活，反社会行为却会对整个社会造成不良的影响与后果。美国"9·11事件"，恐怖分子残忍到令人发指的行为就是反社会行为，是绝对要禁止的。那么在青少年的行为表现中，有哪些行为是反社会行为？青少年为何会有反社会行为呢？

　　曾经有心理学家经过研究得出：社会阶层和贫穷，是导致青少年出现反社会行为的重要因素。举个简单的例子，如果一个贫穷人家的孩子在城市里与条件优越的孩子坐在同一个课堂里读书学习，那么贫穷人家的孩子发现自己不管哪里都与城市孩子相差甚远时，渐渐地，他的内心就会失去平衡，他也会出现与同学们疏远，甚至故意伤害同学们的行为。当然，这里并非意味着所有穷人家的孩子都这样，而只是说反社会行为出现在贫穷孩子身上的概率更高。此外，家庭环境的影响、父母亲以身示范的教育，对于孩子也会起到很大的影响作用。如果父母虽然贫穷，但是始终对生活充满希望，积极地面对生活，而从不抱怨生活，那么孩子也会乐观向上。相反，哪怕父母家庭经济状况尚可，但是却对整个社会充满仇恨，总是憎恨社会，或者抱怨他人，那么孩子的心中就会充满怒气，丝毫不懂得感恩。当孩子的内心阴云密布，而且总是仇恨身边的一切时，他如何能够幸福快乐地生活呢？

　　作为大山里走出来的孩子，赵凯原本为自己有幸考上大学、离开农村而庆幸。然而，在真正走入大学校园之后，他又为自己的贫瘠感到羞愧。身边的男同学人手一部手机，穿着的衣服鞋子全都是名牌，甚至有本地的学生还开着私家车来学校。而赵凯呢？怀里揣着父母借遍了所有的亲戚朋友和整个村庄才筹集到的学费，一旦交完学费，赵凯只剩下几百元钱，甚至连馒头咸菜都吃不起。听着同学们谈笑风生说起放学之后要去哪个饭店聚餐，或者去哪个KTV唱歌，赵凯先是羡慕，继而愤愤不平：凭什么他们随便一次挥霍的钱，就够我一个学期的生活费！

　　渐渐地，赵凯心理扭曲了，他不再觉得自己考入大学是幸运，反而觉得从大学开始了自己人生的噩梦。赵凯总是独来独往，不与同学们相处。

每当有同学无意间说起农村如何,他就会面红耳赤,觉得那个同学是在嘲笑自己。有一次,赵凯正在图书馆里饥肠辘辘地看书,有两位同学就坐在他的对面,正在讨论农村人能否吃得起饭的问题,赵凯听得火冒三丈,站起来把那两位同学狠狠地揍了一顿。发生了这样的恶性事件,学校里的老师和辅导员才发现赵凯的心理状态出现异常,因而赶紧对赵凯展开心理辅导。最终,学校里的老师也积极地帮助赵凯解决吃饭问题,给赵凯介绍家教等工作,这才帮助赵凯走出困境。回想起当初的反社会心理,赵凯坦言自己特别想毁灭一切,也毁灭自己。

——案例来自爱普生涯青少年生存能力成长中心

回过头来看看自己当初的反社会心态,赵凯只怕自己也觉得心有余悸吧。幸好他的错误是犯在学校,也得到了老师和同学的谅解,最重要的是他还得到了心理上的援助,这才能走出心理误区,也避免因为心理失衡做出更加冲动和恶劣的犯罪行为。赵凯是不幸的,也是幸运的,好在这一切都过去了,如今的他阳光开朗,再也不会充满憎恨。

青少年内心发育不成熟,对于很多问题的思考并不透彻,更做不到理智到位,所以一旦心理失衡,很容易做出冲动的错误举动。当孩子出现反社会行为的端倪时,父母一定要反思自身的言行举止是否给孩子做出了错误的示范,而且也要用心观察孩子因为什么导致心理失衡。唯有及时发现问题,有的放矢地解决问题,及时对心理异常的孩子展开心理危机的辅导,才能避免恶性事件的发生,也才能保证孩子拥有充满阳光的未来。

折腾篇
——青少年青春的6大现象提示

让很多父母抓狂的是,青春期孩子就像是一颗不定时炸弹,也像是一颗高速运行的小行星,时不时地就会与外界碰撞,或者是发生爆炸。的确,青春期孩子是不安分因子,内心充满折腾的欲望,但是他们自己却浑然不知。实际上,折腾并非他们刻意为之,而是因为身心发展导致的。因此,唯有了解青春期孩子的言行,才能更好地安抚孩子的情绪,也帮助孩子健康快乐地成长。

1. 我不争吵：
争吵一开始，就意味着输掉

家里有青春期的孩子，亲子之间的争吵总是随时发生。青春期的孩子不但和父母关系紧张，与其他人的关系也比较脆弱而又敏感。很多青春期的孩子都喜欢交朋友，但是他们与朋友的关系又是比较疏远而且脆弱的，因为青春期的身心特点，以及荷尔蒙的分泌，使他们非常容易冲动。

很多人都因为青春期孩子的诸多冲动表现出烦恼，却不知道青春期的孩子也不喜欢争吵。每当争执发生时，他们也会竭力控制自身的情绪，否则一旦争吵开始，他们也就彻底输掉了。为何说争吵一开始，就意味着输掉呢？这是因为争吵非但对于解决问题、达成一致没有任何帮助，而且还会导致情况更加恶化，也会使青春期的孩子们陷入人际交往的困境中。

刘洋正在读高一，近来，他因为人际交往陷入困境，觉得非常尴尬。在学校里，同学们都不愿意和刘洋交谈，即使偶尔有同学因为学习上的事情与刘洋沟通，也总是在与刘洋简单的三言两语之后，就马上对刘洋敬而远之。这到底是为什么呢？原来，刘洋的脾气很坏，而且不管和谁交流都像是个刺儿头。有一天，刘洋因为课堂上走神，被老师批评，居然与老师针锋相对起来，导致老师下不来台，情急之下说："你这个刺儿头，以后谁还敢和你说话啊！"从此之后，同学们也就越来越疏远刘洋。

刘洋当然不愿意被孤立，还把这件事情告诉了爸爸妈妈。不想，爸爸妈妈非但没有偏向刘洋，反而当即严肃批评了刘洋："刘洋，你的性格真的要改一改了。还记得你小时候吗？那会儿你特别爱笑，不管遇到什么事情都很和气地解决问题。但是，现在的你真的太具有攻击性，你连老师都敢公然顶撞，老师当然会觉得面子上抹不开，也就对你说出过激的话来。"说完，爸爸还拿出一颗钉子钉在门板上，告诉刘洋："看看吧，你说的每一句过分的话，都会像这颗钉子一样扎入他人的心里。"说完，爸爸又拿出钳子把钉子拔出来，指着钉子留下的深深伤痕对刘洋说："语言的杀伤力很难消除，就算我费了九牛二虎之力把钉子拔出来，伤痕也会永远留下。"刘洋若有所思，很久才说："那我到底应该怎么做呢？其实我也不想发脾气，但是有的时候我真的控制不住自己。"爸爸语重心长地说："当你开始与他人争吵，不管你是否有道理，你都已经输了。真正的强者不仅仅有着强大的力量，而且还能够战胜自己的情绪，控制自己的脾气。所以你要记住，你必须控制自己，不能与人争吵，这样你渐渐地就会成为自己情绪的主宰，也变得越来越强大，越来越受欢迎。"

刘洋开始有意识地控制自己的脾气，不再肆意妄为地与他人争吵。一开始，他觉得艰难，随着他一次又一次打败自己的情绪，控制好脾气后，他觉得很有成就感，对于自己的控制也就越来越强了。

——案例来自爱普生涯青少年生存能力成长中心

很多青少年都有刘洋这样的烦恼，他们理智上知道不应该与他人争吵，但是情感和情绪却总是陷入冲动中，导致无法与他人建立良好的关系。正如事例中的爸爸所言，一个人真正的强大并非仅仅体现在身体的强壮上，也体现在是否有足够强大的力量控制自己、主宰自己的情绪。这样的人，才是真正的强者，也才能成为自己人生的操控者。作为青少年，越是处于身心发展的快速阶段，情绪越不够稳定，越是要控制好自己的行为表现，从而从容镇定地面对外界的一切，也成功地把控人生。

当然，青少年毕竟处于特殊的青春叛逆期，情绪上出现波动也在所难免。父母或者是青少年身边的人、老师等，也要熟悉青少年的心理发展特点，从而尽量避免激怒青少年。良好的性格养成需要漫长的过程，学会控制情绪也并非朝夕之间的事情，青少年的健康成长需要自身的努力，也需要外界的助力，唯有全方位努力，才能让成长无忧。

2. 冲动旋涡：
冲动是魔鬼，控制冲动才能保持理性

很多人都把"冲动是魔鬼"这句话挂在嘴边，的确，冲动不但使人丧失理智，而且也使人的智商、情商都瞬间降低，导致人们做出让自己追悔莫及的事情。一个人一旦被冲动这个魔鬼控制住，很有可能完全丧失理性和人性，做出令人后悔的事情。很多恶性事件的发生，都是因为冲动导致的，也给人们的生活带来了极其恶劣的负面影响。

记得复旦大学医学院的投毒案吗？投毒者和被害者都是年轻有为的高材生，原本有着大好的前程，就因为一时冲动，投毒者就把大量有毒物质放入饮水机中，幸好没有造成大面积的中毒事件。后来东窗事发中毒者住进医院，投毒者又因为害怕而不敢说出真相，贻误了最佳救治时机。不得不说，冲动毁掉了两个年轻人的生命，也彻底毁掉了两个原本幸福的家庭。很多罪行并非是有预谋的，而只是因为冲动。尤其是对于青少年而言，本身就因为荷尔蒙的大量分泌容易陷入冲动中，如果不能合理控制自身的情绪，就会导致事态发展更加恶劣。所以青少年一定要控制冲动，从而让自己保持理性，也避免彻底毁灭自己和自己的家庭。

人与人之间性格迥异，成长背景、教育经历等都存在很大的不同。而人又是群居动物，总是要与其他人相处，参与社会生活。在这种情况下，人与人之间发生小小的摩擦在所难免，正所谓退一步海阔天空，如果在人际相处中每个人都能宽容忍让他人，那么人际交往就会更和谐，类似争执这样的情况也就能够尽量避免。虽然人们常常用年轻气盛来形容青少年，实际上青少年更应该学会疏导情绪，控制冲动。青少年虽然已经半大不小了，感觉自己已经长大成人了，但是实际上很多道理他们并不懂，对于自我的掌控也没有那么到位。很多老司机都知道，遇到红灯宁停三分不抢一秒，其实情绪也是有红绿灯的。当情绪冲动的时候，无异于面对情绪的红灯，宁愿让自己暂停几分钟恢复理智和平静，也不要一味地冲动，导致自己陷入被动之中无法自拔。

心理学家针对青少年犯罪的研究发现，大多数青少年之所以走上人生的不归路，都是冲动惹的祸。青少年很少蓄谋已久地犯罪，而是在事情发生的当下无法控制自己的情绪，导致做出让自己后悔的举动。当然，犯罪是不能去尝试的，对于青少年的冲动行为预防，也不能等到一切都追悔莫及才去开展。作为明智的父母，平日里就要及时疏导青少年的情绪，帮助青少年主宰自己、战胜冲动。

作为一名辍学少年，马波才15岁，就去修车厂打工了。马波从小就很悲惨，母亲去世，父亲再娶，他一直都和爷爷奶奶一起生活。直到有一天，父亲因为与人发生争执，被人伤害致死，马波就变成了孤儿。继母也丢下了年幼的女儿离开家，寻找新的出路，马波不得不承担起一家人的生活，还要负责养育妹妹。

有一天，马波从修车厂回到家里，听到放学回家的妹妹说自己被同学揍了一顿，他马上找到妹妹所说的那个打人孩子，并且将其拦在路上，狠狠暴打一通。他一边打，一边狠狠地骂那个孩子："让你欺负我妹妹，让你欺负我妹妹，看你还敢不敢欺负我妹妹了！"打着打着，他突然觉得那个孩子的身体就像软面条一般松垮，认真看去，不由得大吃一惊。原来，只有六七岁的孩子已经没有了呼吸，马波吓得来不及回家告诉爷爷奶奶，就仓皇而逃。

没过多久，四处躲躲闪闪的马波就被警察抓住了，锒铛入狱。得知那个孩子失去了生命，马波不由得追悔莫及。他痛哭流涕："我真的只是想警告他一下，没想到他这么不禁打。"警察对于马波的说法感到啼笑皆非，然而这正是很多青少年犯罪的事实。冲动犯罪，不知道自己的行为会造成多么恶劣的后果，最终导致青少年走上了人生的不归路。

——案例来自爱普生涯青少年生存能力成长中心

青少年之所以总是因为冲动做出伤害他人甚至是剥夺他人生命的举动，是因为青少年看似已经长大，实际上对于很多事情的把握完全没有轻重之分。他们的生理和心理正在逐渐走向成熟，而他们对于很多事情的看法还不稳定，也很容易受到外界各种事情的负面影响，导致情绪冲动，这也是为何青少年总是冲动犯罪的原因。然而，人生中有些事情可以弥补，可有些错误一旦犯下，就再也没有弥补的机会。就像犯罪，就是人生的不归路，不管是被判刑入狱，还是被判处死刑，对于青少年的人生都会起到毁灭性的打击。从本质上而言，青春期的冲动对于青少年的成长既是关键时期，也是危险时期，不管是父母还是老师，一定要更好地监管青少年，引导青少年,从而避免他们掉入冲动的旋涡。

事例中,马波之所以冲动犯罪,是因为他觉得自己是一家之主,有责任保护年幼的小妹妹。但是,正处于青春期的他根本没意识到对方也是一个小孩子,经不起任何拳脚。面对老弱病残的一家人,马波的确也压力重重,他走上人生歧途并非是自己不争气,而是缺少正确的引导和帮助。这也是社会的问题,值得每个人用心对待,从而避免这样的悲剧不再发生。此外,要想避免青少年冲动犯罪,还应该避免家庭给予青少年负面的影响。尤其是很多父母本身就性格暴躁易怒,喜欢和孩子动嘴动手,也会导致孩子潜移默化地受到影响,最终在压抑扭曲的心理状态下不定时地爆发了。孩子健康的成长离不开平静愉悦的情绪,任何时候,青少年的心理问题都不容忽视,必须慎重对待。

3. 我只是我:
　　记住,没有人是宇宙的主宰

自从20世纪80年代推行计划生育政策以来,很多家庭里都遵循"只生一个好"的原则,养一个孩子。由此,也诞生了独生子女的年代。直到前几年二胎政策放开,大多数家庭都还坚持只生一个。由于每个家庭只有一个孩子,因而孩子也就成了爷爷奶奶的心肝宝贝,成了姥姥姥爷的眼珠子,成了父母的命根子。独生子女从出生开始,就享受长辈和父母无微不至的爱与照顾,也独享所有人的爱。从4-2-1家庭,到8-4-2-1家庭,独生子女身上承载的爱与希望越来越多。然而，这也导致独生子女无形中变得越来越骄纵，他们理所当然认为整个世界都是他们的，整个宇宙都要围绕他们转，他们总是以自我为中心，把他人的一切付出都当成是理所当然的。

因为家庭中的孩子越来越少，所以溺爱孩子的长辈总是无条件满足孩子的一切要求，尤其是隔代的长辈，更是骄纵孩子，让孩子变得越来越任性和肆意妄为。当这样的独生子女走入社会，他们必然拥有惯性思维，依然觉得每个人都要让着他们。然而，没有人是宇宙的主宰，这个世界上有那么多人都需要在一起相处，除了家人无条件爱着孩子且为孩子付出之外，一旦走上社会，孩子就要与他人平等相处，也要学会对他人友好、充满善意。否则，又有谁肯买账呢？所以作为骄纵的一代，当青少年走入社会依然如同螃蟹一样横行霸道时，就会无形中吃很多的亏，也增长很多的经验和教训。直到他们意识到他们和尘埃一样卑微，这样才能摆正姿态，不再肆意妄为。

2010年10月16日晚，网络上突然流行一句话——"我爸是李刚"。这句话之所以在短时间内迅速流行，就因为说这句话的人是一个醉醺醺在大学校园里飙车撞死了人的官二代。"我爸是李刚"，这是在他撞人之后驾车离去，后来被拦住下车，肆无忌惮说出来的。不得不让人感慨，有一个当官的父亲给了他怎样的底气，让他如此气定神闲，出了车祸之后依然能够不以为然。转眼之间，时间已经过去多年，当时被撞的女生，一个被撞身亡，一个身受重伤，一个家庭因此而毁灭，一个家庭迄今为止依然笼罩在伤痛和阴影之中。不得不说，这一切都是因为"李刚"而起。如果不是因为有这么一位爸爸，又如何能够教育出这样唯我独尊、天不怕地不怕的儿子呢？！青少年的家庭教育状况，实在令人堪忧。

自从升入重点初中后，裴伟就觉得很失落。原来，在整个小学期间，裴伟都是班级里的佼佼者，在年级中也名列前茅。而重点初中内，大多数孩子都是各个学校的尖子生，都是施展十八般才艺才被筛选进重点初中的。所以裴伟一下子从云端到地上，从尖子生变成了普通的学生，这使他的优越感不复存在，他也因此感到难以适应。

在一次月考中，裴伟的成绩只在班级中排名中等，为此，他失落地对妈妈说："早知道我当初不用拼命考入重点初中。也许那会儿进了普通初中，我现在还是尖子生呢！"妈妈听到裴伟的理论，不由得很担心。斟酌很久，妈妈才对裴伟说："裴伟，你这种心态可不对啊！这是逃避竞争的心态。没有人能永远成功，或者永远位列第一，妈妈很早之前就告诉过你这个道理。正所谓人外有人，天外有天，你在小学的时候成绩拔尖，但是你现在所在的是尖子学校和尖子班，所以竞争也必然更激烈。妈妈希望你能坦然接受现在的排名，当然，这并不是让你不努力，而是告诉你不要把自己看得太重。你只是一个平凡的小孩，每个人都是这个世界上平凡的一份子，只要你努力了，尽力了，这就足够了。"

——案例来自爱普生涯青少年生存能力成长中心

事例中，裴伟如果始终陷于失落中无法自拔，最终成绩非但无法提高，反而将一直退步。实际上，裴伟的心态在很多尖子生身上都有体现，因为他们一下子从金字塔尖到金字塔中部，甚至是底端，必然内心失落，也开始怀疑和否定自己。而人生之中，除了在校学习的日子，孩子们必然要走出校园、走入社会，也要面对更多更激烈的竞争。唯有心态端正，人生才能从容。

对于生命，每个人都应该心怀敬畏。一个人活在这个世界上，如果没有任何可怕的，这样的情况必然要导致人生失控。尤其是青少年，更应该对生命心怀敬畏、对世界心怀敬畏、对每一个同类都心怀敬畏。否则，若肆无忌惮、什么都不怕，人生也必然如同高速行驶的列车最终会失控，不知驶向何方。

当青少年意识到每个人只是茫茫宇宙中的一粒尘埃，是沧海一粟，那么他们就会更谦虚低调地做人了。内心的谦卑和恭敬，使他们面对生命更加从容淡然。在教养孩子的过程中，父母尤其注意不要骄纵孩子，否则孩子一旦形成唯我独尊的观念，走入社会必然吃足苦头，甚至酿成恶果。记住，每个孩子从呱呱坠地开始都是一张白纸，如何描摹、着色，都会影响孩子的一生。父母，作为孩子的第一任老师，更要正确引导孩子，避免孩子在成长过程中误入歧途。

4. 迷惘青春：
少年看守所——迷惘青春的栖息地

对于年满 14 周岁，不满 18 周岁的少年犯罪者，政府机关特设了少管所，对他们进行适度的劳动改造。因为犯罪者尚未成人，所以少管所虽然也属于劳动改造机构之一，但是与专门针对成人的劳动改造机构还是有些不同的。在少管所中，针对青少年犯罪者的身心发展状况，会考虑满足他们的生长发育情况，并且让他们从事适度劳动。在此过程中，少管所主要对青少年罪犯进行教育，还会组织青少年罪犯学习，从而促使他们全方面发展，早些洗心革面，重新做人。那么，少管所中的青少年罪犯，到底因为什么才会走上人生歧途呢？他们之中犯罪的类型多种多样，这说明已经半大不小的他们具备了独立的思想和行为能力，与成人在很多方面相差无几，只是因为身心发育还不够成熟，所以要给予他们更多的机会重新改过。

　　青少年罪犯大多数都很迷惘，他们之中天生就很坏的孩子少之又少，大多数孩子之所以误入歧途，往往是因为失败的家庭教育、受到外界的诱惑，以及在人生中迷失方向导致的。其中，因为家庭不幸导致孩子走上歧途的现象很明显，因为一旦家庭监管不力，孩子就更容易受到外界的不良诱惑，导致思想走偏，人生也失去控制。从这个角度而言，青少年犯罪的预防工作要从家庭教育开始，要从孩子小时候就启动，这样才能循序渐进。很多父母总是等到发现孩子已经剑走偏锋之后，才慌了神，想要扭转孩子，却不知道孩子进入青春期，很多方面都已经初步定型。这就像是画画，在一张白纸上构思，如画错了，再去涂改和修补，容易得多。人生经不起回炉，所以父母如果不在孩子小的时候多多用心引导孩子，就要在孩子进入青春期之后花费更多的时间和精力去改变孩子，结果却总是差强人意。从这个角度而言，父母在孩子的成长中扮演着极其重要的角色，既不能缺席，也不能不作为，让父母这个名称形同虚设。

　　小童17岁了，原本，他是个热爱公益的好少年，从14岁时就开始热心从事公益事业。但是，他毕竟是个孩子，很多成人在从事会计职务时，会因为无法抵抗金钱的诱惑而职务犯罪，更何况是才17岁的小童呢！

　　记得半年前，小童把一所贫困山区小学的情况发到个人的公众号上，并且留下了自己的银行账号作为受捐账号。大概三个月后，小童收到了两万多元的善款。原本，他是想把这些钱给山区的孩子购买图书，但是当时同学们之间正流行买苹果手机，小童也不由得怦然心动。他原本只想动用几千元钱给自己买一部苹果手机，但是买了手机之后又眼馋笔记本电脑。

最终，他一发而不可收拾，居然把善款全都花完了。后来，小童没有钱弥补这笔亏空，又被监管机构发现，只好求助于父母。父母帮助他把这笔钱补上，小童也去公安机关自首，被判进入少管所六个月。很多人不理解，小童既然已经还回了钱，为何还要承受半年的牢狱之灾呢？这是因为涉案金额比较大。小童就这样从一个公益少年到阶下囚，他痛定思痛，认为自己得到这样的惩罚也是活该。在少管所期间，小童每天都认真学习和劳动，也认真反思自己的问题，意识到这样的惩罚对于自己的人生也许反而是件好事情，否则如果终有一日他面对几十万几百万甚至上千万的公款，一旦不能坚持职业操守，也许会真正酿成大祸。

——案例来自爱普生涯青少年生存能力成长中心

小童本质上并不坏，主要是在金钱面前没有抵抗住诱惑，所以才导致这样的结局。的确，正如小童所想，今日的小小警告也许能够避免他未来犯下大错。其实，人生之中经常会面临各种各样的诱惑，尤其是长大成人步入社会之后，各种职务犯罪更是层出不穷。这是因为人的欲望是无休止也是没有限度的，只有控制好自己的贪婪之心，才能真正戒除欲望，也避免因为欲望驱使而做出让自己后悔的冲动之事。

青少年管教所就像是迷惘青春的栖息地，能够让青少年迷惘的内心停下脚步，认真地思考人生，反省自我。当错误不那么严重，也许还是可以弥补和改正的，而一旦错误性质恶劣，后果会更加严重。所以父母要用心教育青少年，避免青少年误入歧途。而当孩子真的走错路，进入少管所时，也不要放弃孩子，更不要一味地指责孩子。要记住，父母是孩子的监护人，对于孩子的任何行为表现都负有不可推卸的责任。当青春期的孩子因为迷惘而犯错，父母也应该反省自身，决不放弃地抓牢孩子的手，把孩子从人生的悬崖峭壁上拉回来，才能让孩子拥有未来。

5. 欺凌人生：
　　校园霸凌现象，为何愈演愈烈

前几年，北京的一所小学中，几名已经读四年级的九岁男孩，把装满了肮脏厕纸和尿液的垃圾筐，倒扣在同学的头上。面对这样的恶性事件，遗憾的是，作为监护人的父母和作为老师的校园管理者，都没有引起足够的重视。当被欺凌的孩子妈妈把这件事情反映到学校，并且与欺凌者的父母当面处理事件时，得到的是让人失望的反馈。老师认为这件事情只是孩子们之间的"玩笑"，是"恶作剧"；父母认为"虽然有动手动脚的现象，但是孩子不是故意的，也没有故意欺负人的初衷"。不得不说，校园欺凌现象之所以愈演愈烈，与老师的轻视和部分父母的不以为然是密不可分的。

从本质上而言，校园霸欺凌现象和孩子们之间普通意义上的打闹和推搡不同，因为欺凌者的言行举止带有明显的侮辱性质，所以被欺负的孩子会感到深深的绝望。很多孩子因此产生厌学心理，甚至产生轻生的念头。不得不说，校园欺凌现象的后果是极其恶劣和严重的。而如果霸凌者的父母和老师不能给予足够的关注，就会导致欺凌者更加放纵自己，行为肆意，也会导致校园欺凌的行为情节更恶劣，后果更严重。

心理学家经过研究发现，校园欺凌现象发生的概率还是很高的。一般情况下，被欺凌的孩子比承认曾经欺凌或者正在欺凌同学的孩子更多，而且，在所有的校园欺凌情况中，直接施暴的频率很高。心理学家还指出，欺凌现象受到两个重要因素的影响，一个是性别，一个是年龄。在高中之前，欺凌现象一直随着年龄的增长呈现增长的趋势。除此之外，男生施暴者往往倾向于用直接的暴力行为欺凌他人，而女生施暴者则往往采取间接的方式，例如离间被欺凌者的人际关系，鼓励欺凌者等。不管是哪种形式的欺凌现象，都会给被欺凌者带来身体伤害，造成难以愈合的心灵伤害。被欺凌者会对学校产生恐惧和排斥心理，甚至患有程度不同的抑郁症。

除此之外，还有一种情况是值得尤其关注的。即很多欺凌者同时也是被欺凌者，双重身份使得他们不得不承受双重的压力，也导致他们内心焦虑不安，甚至因为饱受身心灵的折磨而产生自杀的倾向。因而及时发现校园欺凌现象，而且采取恰当的方式解决好这样的恶性事件，对欺凌者和被欺凌者进行及时的心理干预和治疗，不但能够解救被欺凌者，也能消除欺凌者的心理焦虑症状，缓解他们的心理问题。因而不管是父母还是老师，一旦发现孩子与校园欺凌现象沾染上关系，一定要引起足够重视，从而避免事态恶化。

作为一名老师，露西很关心学生们。有一天课间，孩子们正在操场上玩耍，露西突然发现有好几个孩子围成一团。露西赶紧走过去，却看到地上有很大一团被扯下来的长头发。露西立即拿起头发询问在场的孩子们发生了什么，孩子们七嘴八舌告诉露西，马克把苏菲的头发扯下来一大团。露西又询问苏菲发生了什么。看着老师严肃的表情，苏菲意识到事情也许有些严重，因而含糊其辞，不愿意说出真相。露西再三追问，苏菲才突然哭着说："我的头很痛。"露西又询问马克："马克，你为什么要扯掉苏菲的头发？"一开始，马克嬉皮笑脸拒绝回答，但是看到露西一本正经、表情严肃，马克就说："我只是在和她做游戏。我不是故意的。"露西当即正色告诉马克："首先，没有任何游戏会伤害他人，要扯掉他人的头发。其次，你的游戏很糟糕，你必须为此事负责，并且向苏菲道歉。"

简单处理完这件事之后，露西把头发交到校长那里，校长对此事也很重视，当即分别找来苏菲和马克谈话，并且打电话让两个孩子的父母都马上赶到学校。苏菲被妈妈接去看家庭医生，进行相关检查，而马克当着父母的面接受了校长对他做出的惩罚措施："第一，写一封道歉信给苏菲，并且在全体同学面前朗读。第二，停课一周，回家接受父母的教育。第三，复课之后必须去图书馆当一个星期的义工。"对于校长的惩罚措施，马克的父母表示认可，而且也表态要配合。从此之后，马克再也不伤害同学了。

——案例来自爱普生涯青少年生存能力成长中心

这是在美国，老师、校长以及父母，对校园欺凌现象的处理和解决方案。事例中，老师没有因为马克狡辩自己是在做游戏，就放松对马克的惩罚。必须注意的是，当孩子以为一句"不小心"或者"对不起"，就能让他们在伤害他人之后逃脱制裁，那么他们伤害他人的行为就会更加变本加厉。所以要想避免校园欺凌者肆无忌惮，必须给出严厉的惩罚措施，让他们意识到必须为自己的行为负责，不管这个行为是故意的还是不小心的，都不能改变他们接受惩罚的后果。

尤其对于被欺凌的孩子而言，欺凌现象给他们带来的心理伤害是不可估量的。美国心理学家经过研究发现，老鼠在被欺凌之后，脑部控制情绪的区域会对压力尤其敏感，甚至会对交往行为产生抵触和排斥。同样的，青少年一旦遭遇欺凌，也会留下很多心理方面的后遗症，出现社交畏缩、胆小怯懦、自卑无助等负面情绪，严重的情况下，孩子们还会产生轻生的念头。所以面对校园欺凌现象，必须及时、有效地处理：一则让欺凌者认识到自己行为情节的恶劣和后果的严重，并且让他们承担责任；二则也要消除被欺凌孩子的恐惧心理,从而帮助他们恢复心理健康,继续快乐地面对学校。

6. 性教育缺失:
冒险性性行为,校园里的"桃色事件"

在青春期,青少年身心均处于发展之中,尤其是荷尔蒙的分泌也与以往不同,导致青少年的人际关系出现了一个重大改变,那就是性的冲动和需求。在两小无猜的时候,小男生和小女生一起出去玩是很纯粹的关系,而进入青春期之后,少男和少女之间的关系不再单纯是玩耍,而是渐渐发展成两性关系。甚至有些早熟的青少年还会彼此爱慕,因而发生性行为。可以说,是性行为把青少年带入成人的领域,使他们开始拥有与生殖相关的各种观念和意识。

一直以来,在中国,性教育始终处于缺失的状态。这是因为几千年来传统的封建观念,使得人们谈性色变,尤其是对于孩子,父母更是坚决避免谈起性的有关问题。前段时间,北京红黄蓝幼儿园被曝给孩子喂药、打针,甚至涉及性侵,性教育再次被提及。很多成人不愿意对孩子谈性,是不想过早地启发孩子的性意识,实际上孩子的性意识发展是由他们的身心发展规律决定的,与其让孩子在黑暗中摸索,因为无知导致无法有效保护自己,不如在恰当的时候对孩子普及性知识,反而能让孩子免遭伤害。例如教会年幼的孩子不能被除了父母以外的其他人触碰隐私部位,再如教育青春期少年如何进行自我保护，采取有效的避孕措施，这都是为了青少年能更有效地保护自己，而不是让他们掩耳盗铃、闭目塞听，使他们遭受更大的伤害，面临生命不能承受之重。

一旦进入青春期，性冲动也出现在青少年的生活中，少年开始出现遗精现象，对于异性也更加充满好奇。不可否认，不洁的性行为会给青少年带来严重的伤害，例如各种疾病的传播，再如意外怀孕给少女的身心带来的伤害等。有的时候，错误的性观念还会导致青少年的性行为混乱，或者使他们陷入各种毒品、酒精的麻痹之中。这些，都是对青少年造成恶劣伤害的行为，必须及时引导和制止。

青少年是很喜欢冒险的，在诸多冒险行为中，性行为冒险无疑是他们更热衷也无法抗拒的。这并非意味着青少年道德败坏，而是因为他们的身心发展规律决定的。因而对于青少年的性教育迫在眉睫，一味地逃避这个问题除了给青少年带来不可挽回的伤害之外，就没有任何好处。当然，父母也要帮助孩子建立正确的爱情观，让孩子有意识推迟恋爱的行为，从而也推迟性行为发生的年纪。但是，这只是一种预防手段，各种数据都告诉人们，初中生发生性行为的比例已经大大提高，所以性教育迫在眉睫。

如同梦魇一般的高三学习终于要结束了，同学们在经历黑色的六月之后，都收到了来自各个大学的录取通知书。因此，全班同学决定聚会，疯狂一次，吃饭喝酒唱歌，总而言之谁都不要回家，从而告别高中时期的生活，迎接大学生活的到来。

这次纵情狂欢，吃饭的时候，很多同学就已经喝多了，毕竟他们在此之前很少喝酒。接着，又去唱歌，有的同学喝饮料，有的同学喝啤酒，导致大家都醉醺醺的，有几个同学彻底喝趴下了，趴在KTV的包间里昏睡。这个时候，曾经暗恋班花倩倩的东风，把倩倩拉到KTV外面向倩倩表白，眼看着他们就要分别奔赴北京和上海读书求学，东风不由得心潮澎湃，激动之余他拥抱倩倩，并且试图亲吻倩倩。倩倩狠狠地挣扎，最终扇了东风一个大耳光，才挣脱东风的束缚。倩倩借口身体不舒服，告别同学们先回家了。而东风呢，则万分沮丧，因为他的表白失败了。此后，再见面的时候，倩倩总是有意识地避开东风，而东风也不知道该如何面对倩倩。

——案例来自爱普生涯青少年生存能力成长中心

倩倩很理智，很多青少年在酒精的麻痹下，总是会做出冲动的举动。幸好倩倩坚决拒绝了东风，否则又是一场性冒险，也许会给当事人带来无穷的后患。爱情虽然美好，但是却要在正确的时间展开，才能收获到最甜美的果实。否则，如果一味地服从于本能的冲动，导致行为失去理智和控制，则校园性行为冒险的概率将会大大提高。

不可否认，校园性冒险行为分为两种情况：一种是因为早恋出现的，一种是因为强迫导致的。不管是哪一种行为，过早出现性行为，对于青少年的身心发展都是有危害的。尤其是无保护的性行为，更会给青少年的身体健康带来极大的危害，甚至导致成人之后对爱情的理解也进入误区。所以父母一定要引导青少年建立正确的爱情观念，也要引导青少年不要早恋，从而避免青少年过早发生性行为。为了保护青少年的身心健康，父母也要以端正的态度对青少年普及性教育，而不要总是谈性色变，导致青少年因为性无知受到更多的伤害。总而言之，对于青少年而言，他们面对的诱惑很多，在性方面也常常会冒险，父母一定要引起足够重视，也要采取恰到好处的方式帮助青少年抵制性诱惑，发展健康美好的感情。

爱护篇
——青少年自残的6个警醒案例

近些年来，随着青少年的心理问题日益严重，青少年的自残行为也日益凸显出来。很多青少年都有不同程度的自残行为，例如有些青少年用烟头烫伤自己的皮肤，有的青少年用刀在自己的身体上刻字等，都是自残行为。最严重的自残行为就是自杀，是对生命的终结。记得前几年有几个青少年相约在一个房子里自杀，更是为社会敲响了青少年自我爱护的警钟。到底是什么让青少年丝毫不珍惜自己的生命，既不怕痛，也不怕死，这其中隐藏的心理问题发人深思。

1. 自残之殇：
当自残成为一种要挟

提起青少年自残，相信很多父母都会感到锥心之痛。每个孩子从呱呱坠地开始，就在父母无微不至的照顾下长大，他们是父母的期望所在，也是父母的精神寄托。可以说，孩子对于自己的伤害，不仅仅让父母感到切肤之痛，更让父母感受到比切肤之痛更深刻的痛苦。这恰恰给了孩子一个投机取巧的机会，即利用自残来要挟父母，让父母妥协。

看到这里，也许很多朋友会感到震惊：孩子真的这么"可恶"吗？不是可恶，是狡黠。不仅青少年，其实小小年纪的孩子就已经懂得要挟父母这个道理。例如几岁的孩子在跟随父母去商场的时候，会耍赖皮坐在地上，让父母为自己购买某个喜欢的玩具。如果父母不愿意妥协，他们就一直坐在地上哭闹不止。也许有人将其归结于孩子的任性，实际上这是孩子潜意识里表现出来的对父母的要挟。再例如，有的孩子稍有不如意就不吃饭，这就更加明显地表现出自残的倾向，以"虐待自己"的方式逼迫父母妥协。对于这样的行为，不管孩子的年纪多大，父母都应该坚决表明自己的立场和态度，即不因为孩子的要挟而妥协。否则一旦被孩子抓住软肋，孩子就会更加坚定不移、变本加厉实施这个策略，等到了青春期之后，他们以自残要挟父母的行为会更加明显。

那么，到底什么是自残呢？毫无疑问，不吃饭充其量只能算是赌气，完全上升不到自残的高度。的确，从心理学的专业角度来说，自残是有标准的。轻度自残对肉体没有伤害，诸如各种故意出现的失误以及冒险行为。通常情况下，这种行为出现的次数只有一次。还有的是故意擦伤自己，咬自己，或者是不让自己的伤口结疤等，这种类型的自残属于强迫性自残，是浅表自残，不会造成太严重的后果。接下来，是故意伤害自己，例如扯自己的头发，敲击自己的脑袋，有些自闭症患者在发病的时候就会以这样的方式自残，这种自残带有刻板重复的特征，是多次发生的。有的时候，青少年的自残并非蓄谋已久的，而是因为冲动临时发生的，诸如自焚或者以尖锐物体划伤自己，这叫冲动性自残，往往会带来严重的后果。所谓重度自残，则包括暴饮暴食、放弃治疗等行为，也可以是反复多次出现的，但并非刻板重复。以上这些自残的行为，都有可能被青少年拿来作为要挟父母的手段，对孩子这样让人心痛不已的行为，很多父母都会妥协。当然，青少年的目的既然并非自残，而是让父母妥协，所以他们往往采取轻度自残的方式，以起到恐吓和威胁父母的作用，而较少采取极端的自残方式。

　　明明是一名留守儿童，从小他就跟着爷爷奶奶一起长大。他的父母一直在遥远的外地打工，很少回到家里陪伴在他的身边。因为隔代亲，爷爷奶奶总是省吃俭用满足明明的一切需求。哪怕是不合理的需求，只要明明不吃饭或者不回家，爷爷奶奶就会马上妥协。渐渐地，明明学习越来越差，总是要挟爷爷奶奶满足他要钱的欲望。他拿着钱四处玩耍，而且沉迷于网络游戏，还与社会上的小混混混迹于一处。

　　有一年暑假，爸爸妈妈因为打工的厂子里发生事故，需要停产整顿，因而放了一个月假回到家里。看到明明每天都不务正业，经常逃学，爸爸不由得火冒三丈。为了避免爷爷奶奶跟着着急上火，爸爸特意把明明叫到家中的自留地，要和明明好好谈一谈。一开始，爸爸还能心平气和劝说明明："明明，你看你长这么大，爸爸妈妈在家里的日子屈指可数，难道我们不想留在家里舒舒服服的吗？每天在工厂，我和妈妈两班倒上班，都快累死了，还不是希望能够把你供出来，让你有文化，也不再走我们的老路。但是你太让我和妈妈失望了，你的成绩如果再不好好抓紧，别说考高中了，估计连初中都不能毕业。"听了爸爸的话，明明不以为然，说："你有什么资格管我！我这十几年都是自己长大的。我要买苹果手机，你赶紧给我钱！"爸爸怒气冲冲地问："你是个学生，要苹果手机干什么？那是有钱人才买的手机啊！"明明吼道："我就要买苹果手机，要不是爷爷奶奶没有这么多钱，我早就买了。我就等着你们回家呢！"爸爸气得抬手打了明明几巴掌，明明突然冲向旁边的池塘，喊道："不给我买手机，我就去死！"爸爸来不及拦着，明明已经跳进了池塘，而爸爸却是个旱鸭子。这时，从家里过来看看爷俩谈判情况的妈妈见此情形，急忙跳入池塘，等到把母子俩救出来时，母子俩已经没有了气息。爸爸痛不欲生。

——案例来自爱普生涯青少年生存能力成长中心

在这个事例中，明明显然是被爷爷奶奶惯坏了。他平日里习惯要挟爷爷奶奶，因而也想用这个办法来要挟爸爸，却没想到自己仓促之中选择了一条不归路，因为爸爸根本不会游泳，没有办法下河救他。妈妈在情急之下跳入河中救他，原本幸福的一家三口就这样天人永隔。不得不说，明明的悲剧是因为他习惯了要挟，而父母在他教育中的缺位，也是导致他要挟长辈有恃无恐的原因。

当自残成为一种要挟，最痛苦和无奈的莫过于父母。眼睁睁地看着自己从小疼到大的孩子自己伤害自己，也知道孩子的目的不纯粹，父母无疑会进入进退两难的境地。而又因为很多青少年不能准确预估自残的后果，也很难避免出现玩火自焚的结果,导致受到严重的伤害。所以父母应该从心理的角度帮助孩子摆正心态,避免孩子动辄就以自残来要挟父母。哪怕对于比较小的孩子,父母也不要一味地妥协,否则孩子的要挟行为就会变本加厉,也会愈演愈烈。归根结底,父母要让孩子意识到以正面的方式解决问题,并且帮助孩子养成面对问题的积极思维模式。很多伤害都是生命不可承受之重,一经发生就无法弥补和挽回。

2. 我的伤害:
自我伤害的病理性原因不容忽视

  重庆红衣少年案至今依然让人费解,人们无论如何也想不通,红衣少年为何要以那么离奇而又怪异的方式死去。实际上,从红衣少年之前的行为表现来看,他没有任何自杀的迹象,那么唯一的解释就是他在以一种特殊的方式自残,最终却因为无法自救导致离奇死去。这样的事件当然让人痛心,然而,在这种匪夷所思的事件背后,是我们必须要洞察的青少年自残的原因。实际上,心理上的病态,是导致青少年自残的重要原因,如果要想改变青少年自残的现象,就要关注青少年心理健康,从而从根源上尽量解决青少年心理问题。
  某些氏族或者部落的自残行为,是基于一种文化的观念或者传统,作为一种仪式去实施的。而现代社会青少年的自残行为则没有任何文化基础,也没有宗教仪式的意义。有些青少年的自残行为,是病理性自残行为。通常情况下，他们的自残或者是为了对身体进行改造，从而融入某一个团队，或者就是纯粹的自残，目的是为了伤害自己。

举例而言，为了让自己融入某一个团队或者被他人所接受的自残，包括很多青少年中流行的纹身或者穿孔。这种行为与伤害自己的自残相比，是由专业人员实施的，所以基本不致命。甚至随着时代的发展，人们不再认为这种行为是自残，认为其实是一种个性化的选择。这也使得自残的划分变得模糊。古人云，身体发肤受之父母，那么青少年对于自己的身体是否有绝对的支配权和控制权呢？如果认为青少年不能随便在自己的身体上动刀子，那么包括现代社会流行的整形美容，实际上都是对身体的伤害。而如果觉得青少年有权利主宰自己的身体，那么那些并非为了伤害自己为目的而进行的伤害自己的行为，诸如文身、穿孔、整形美容等，又并非是严格意义上的自残。但是归根结底，这些伤害产生的初衷，都是因为病理性的心态。

也许有些艺术家会把自残上升到艺术的高度，但是这决非大多数青少年都会出现的极端情况。对于大部分普通青少年而言，生命应该以健康愉快的形式体现，因而对肉体的尊重是最基本的前提。而且，既然每一位父母的都不希望自己的孩子被伤害一根汗毛，那就要引导孩子心理健康地成长，从而避免病理性自残的出现。

琳达从小立志成为模特，这也许是受到同样是模特的妈妈的影响。早在琳达两三岁的时候，妈妈就告诉琳达："宝贝，不要吃那么多，长得胖就不漂亮了。"妈妈很欣赏琳达的大长腿，希望琳达和自己一样长大以后也能成为衣服架子，成为气质优雅的模特。

五岁的时候，琳达就彻底戒掉了冰淇淋和蛋糕的诱惑。她小小年纪就表现出超人的意志力，对于大多数孩子都无法抗拒的甜食，不但坚决不吃，甚至连尝也不尝。妈妈对此很满意，总是说琳达是个小美女，以各种方式表扬和鼓励琳达。然而，琳达正处于快速生长期，尤其是在进入青春期之后，她迅速消瘦，出现了营养不良的状况。妈妈惊讶极了，因为她一直为琳达提供合理膳食，虽然琳达不至于长胖，但是也不至于异常消瘦。为此，妈妈特意观察琳达，这才发现琳达严重节食，就连妈妈为她精心准备的营养均衡的食物，她也总是采取克制的态度，最多只吃三分之一。妈妈意识到问题的严重性，告诉琳达："琳达，不要再节食了，如果只剩下骨头架子，也是不能当模特的。"然而，琳达俨然已经形成病态心理，每当她的饮食超过规定的量，她就会立刻呕吐，自己也控制不住。而且，妈妈还发现琳达经常服用泻药，一旦她认为自己吃多了或者吃了不该吃的食物，她就会马上吃泻药。长此以往，琳达的身体得不到任何养分。后来，妈妈带着琳达去看心理医生，这才知道琳达患了神经性厌食症。心理医生告诉妈妈："如果不能及时改善状况，也许以后情况还会更加严重，她甚至会把所有吃进去的食物都吐出来。"看着暴瘦的琳达，妈妈懊悔万分：我不应该从小就让琳达节食，这都是我的错。

——案例来自爱普生涯青少年生存能力成长中心

在这个事例中，琳达虽然没有明显做出伤害自己的行为，但是因为精神方面的障碍，她的确已经开始自残了。她的自残行为主要有三个方面：一是严格节食，二是吃泻药，三是一旦进食过量就呕吐。这三个方面的异常行为给她的身体造成了严重的伤害。长此以往，精神上的紧张必然导致她更加焦虑，也不排除会做出更严重的自残行为。当然，琳达的自残行为是间接的，并没有直接对身体造成伤害。

很多自残者的方式并不委婉，而是直接对自己的身体造成伤害，这样的自残行为在短期内更具有危害性，也会导致恶劣的后果。然而，每个人都是自然的产物，每个人的成长和发展都要符合自然的规律。尤其是青少年，更要尊重生命的规律，才能健康地成长。父母一定要引导青少年正确对待和爱惜自己的身体，帮助青少年建立生命第一的人本意识。此外，父母还要注意不要给青少年错误的引导，否则青少年一旦形成错误的思维模式和行为习惯，再想彻底改变就很难了。

3. 流行自残：
　　自残就像重感冒，极具传染性

　　针对青少年自残情况展开的研究结果显示，全世界各个国家和地区中，青少年自残的比率有所不同。例如，澳大利的中学生发生自我伤害的比例高达30%，而英国中学生发生自我伤害的比例为13%。此外，不管在哪个国家，初中生发生自我伤害的概率最高，平均达到14%。相反，在65周岁以上的老人之中，自我伤害发生的比例则降低很多，只有5%。到底是什么让青少年的自我伤害率如此之高呢？罗斯和希思曾经针对青少年的自残行为展开研究，有相当比例的青少年曾经发生过自残行为，而他们之中又有很多青少年不止一次发生自残行为。通过对接受过心理治疗的青少年自残患者进行研究，他们发现几乎一半的青少年心理疾病患者曾经数次实施自残行为。由此可见，青少年发生心理疾病后，会大大提升他们自残的概率。而且，自残一旦发生，很少只有一次，相当一部分自残患者都不止一次地进行自残。难道自残具有传染性吗？不然青少年患者自残的数据为何这么惊人呢？

当得知到每六个青少年中，就有一个青少年曾经发生过自残行为。而大多数发生过自残行为的青少年，又不止一次地进行过自残，谁还能淡定呢？原来自残就像重感冒，是具有传染性的，所以自残才会被纳入流行病学的范畴，也可以想象自残对于广大青少年的危害有多严重。

曾经有一年，深圳富士康十几连跳，让整个富士康都心惶惶的，心理危机干预组也进驻富士康，对富士康全体员工进行心理危机干预。实际上，国外也曾经发生过类似的情况，即一个地区在发生自杀事件后，新闻媒体对自杀事件进行报道，但是这样的举动非但没有降低那个地区的自杀率，反而使那个地区的自杀率不断上升。在经过心理专家的研究后，决定终止对自杀的报道。果不其然，一段时间之后，那个地区的自杀率下降了很多。这些事件告诉我们，自杀是有传染性的，人们总是不知不觉中受到那些自杀者的影响，导致活着的欲望大大降低。同样的道理，自残也具有传染性，也会在不同的空间传播。例如，养老院、医院、寄宿学校、工厂、监狱等。一旦这些人群密集的公共机构自残现象流行，就会造成恶劣的后果，因为这些机构往往缺乏有效的自残行为监管制度。

自残行为的流行并非绝对表现的接二连三。有的时候，自残行为也许当天就会传染，也许是隔几天才会出现。自残者刻意伤害自己，也许是悲观厌世，更多的是因为他们希望增加一种刺激，来让自己与外界的环境或者与其他人之间的关系在刺激之下发生改变。这个原因很好地解释了青少年为何是自残行为高发群体。众所周知，青少年处于快速的身心发展中，与此同时，他们还要学会与外界建立联系。前文说过，青少年处于青春期时与父母的关系都会变得紧张，可想而知他们对于普通的人际关系更会束手无策。当感到自己无能为力时，他们会通过自残对自己与外界或者他人的关系进行刺激，企图让一切朝着好的方向发展。

目前，很多心理学专家都认为 12~14 岁的青少年最容易出现自残行为。然而，这种行为能否随着青少年的成长逐渐消失，迄今为止并没有明确的结论。事实告诉我们，在意识到自残行为过于引人注目之后，有一小部分青少年会停止采取这种方式为自己的生活环境增添刺激因素，也有一部分青少年意识到自残行为带来的严重伤害，会主动停止自残行为。但是在青少年时期，他们因为受到荷尔蒙的驱使，时常处于冲动的状态中，这也是导致自残行为在青少年群体中流行的原因。

当确定自残行为的流行性和传染性后，作为父母或者老师，在青少年出现自残行为后，就要有的放矢开展心理干预和预防工作。否则，随着出现自残行为的青少年越来越多，整个情势就更加恶劣，也会导致他们想要对青少年开展保护工作进展艰难。归根结底，父母作为孩子的监护人，也作为孩子成长的陪伴者，除了给孩子提供成长必需的物质条件之外，一定要更加关注孩子的心理健康，才能为孩子的健康成长保驾护航。

4. 抑郁挽歌：
抑郁症，青少年心中的哀歌

不管是在成人世界，还是在青少年的世界里，抑郁症已经成为心理疾病的罪魁之手，近几年来，抑郁症门诊量更是急速攀升。其中，从 14 岁的青少年到 28 岁的年轻人，成为抑郁症门诊量的主力军，仅就 2014 年的门诊量就比 2013 年巨增 52%。等到 2015 年时，门诊量的数据更恐怖，居然又比2014年巨增89%。这些精确的数字告诉我们一个不容争辩的事实，即抑郁症越来越趋向于年轻化、低龄化。记得曾经有一篇网络新闻报道，居然有个八岁的孩子患了抑郁症，不由得让无数人感慨：还有谁能逃离抑郁症的魔爪呢？

不了解抑郁症的人，一定会对14岁~28岁的人患有抑郁症感到惊讶。在大多数人的心目中，14岁的孩子正值人生中无忧无虑的阶段，哪怕到了28岁，也是青春正好，哪里来的压力和抑郁呢？这么说的人，一定不知道如今的青少年在生活中面临多么大的压力。孩子从12岁升入初中，14岁正值初三拼搏阶段，接下来就是高中，要经历黑色的六月高考，而哪怕考上心仪的大学，接踵而来的学业压力、就业压力也依然使孩子不堪重负，他们又何尝能有片刻喘息呢？越是懂事的孩子，越是感受到压力，越是每时每刻都不得不面临竞争。如此一来，他们怎能不与压力如影随形呢？

尤其是青少年正处于青春期，身体内的激素水平急速变化，导致青少年的情绪也很容易出现大幅波动，内心里千奇百怪的想法更是层出不穷。假如青少年面对压力巨大的学习生活无法承受，因而陷入负面情绪之中，他们就很有可能患上抑郁症。当不断积累的负面情绪无法得到及时排解，他们甚至还会产生自杀的念头，或者真正做出自杀的举动，导致人生中最悲惨的情形发生——生命一去不返。这样的悲壮，对于逝者而言是一种解脱，而对于父母而言，却是生命无法承受之重，也是人生中再也不能面对的切肤之痛。

然而，青少年尽管身心都处于快速的发展变化之中，他们的抑郁症也并非朝夕之间就达到这么严重的程度。很多父母特别粗心，一味地关心孩子的吃喝拉撒和学习，而没有关心孩子的情绪和心理变化。这往往导致孩子的抑郁症已经非常严重了，而作为孩子最亲密的人，父母却无知无觉，也没有采取任何措施。很多父母对于抑郁症也缺乏了解，总觉得抑郁症无非就是心情不好，只要熬过去，等到心情开朗了，病情也就痊愈了。其实不然，抑郁症的典型特点是无爱。众所周知，在这个世界上，最爱孩子的人是母亲，而很多母亲患了抑郁症，就会对孩子变得无爱，哪怕想到死也异常决绝，丝毫不会牵挂孩子。这就是抑郁症的可怕之处，这也正是抑郁症患者会选择自杀的原因，因为他们内心深处已经对人生彻底绝望了，觉得生无可恋。

和后天原因导致的抑郁症相比，有些孩子的抑郁症是天生的。他们的母亲在怀孕期间就有抑郁症，这也使得抑郁成为他们天生的气质，可以缓解却始终挥之不去。遗传的抑郁症使人感到绝望，也感受到生命的窒息感。相比起先天的抑郁症，后天因素导致的抑郁症至少还有治愈的可能性，只要找到抑郁症患者的心结所在，缓解抑郁症是极大可能的。此外，社会环境和家庭环境也会影响孩子，使孩子出现抑郁倾向。例如父母之中有一个人的性格特别内向，不管遇到什么问题都消极接受，而不能积极解决，那么长期接受负面的影响，孩子也会渐渐变得抑郁。哪怕是极度内向的性格，也会导致青春期的孩子敏感细腻的感情无法发泄出来，长此以往必然积少成多，导致恶劣的后果。所以要想尽量避免孩子出现抑郁倾向，父母就要尽量营造轻松愉快的家庭氛围，从而让孩子能够及时倾诉自己，及时把自己心中的抑郁疏散出来。

还需要注意的是，除了性格内向者更容易抑郁外，敏感细腻的女性也更容易陷入焦虑，导致抑郁的发生。很多父母总是以孩子乖巧懂事夸赞孩子，殊不知，太过于乖巧懂事的孩子往往承受了与年龄不符的心理压力。孩子就应该无忧无虑，尽情享受童年。总而言之，唯有轻松愉快的成长环境，才能让孩子健康快乐地成长，这一点是毋庸置疑的。

西安曾经有个历史奇才，他就是林嘉文。林嘉文是一名高三学生，在读高中期间，繁忙学习之余，出版了两本历史学著作。他对历史的渊博学识，甚至使他赢得了很多历史专家的至高评价。然而，林嘉文在备战高考时因为抑郁症，居然毫无征兆地选择了自杀。他这决绝地一跳，让多少人扼腕叹息，也让他的父母承受了失子之痛。

林嘉文去世后，他的父亲告诉大家：林嘉文因为抑郁症进行了为期半年的药物治疗。离去的那一天，他也是吃完药后和往常一样在家里写作业，直到深夜十一点，他给平日里一位关系比较好的老师发了邮件，就跳楼自杀了。等到这位老师在次日联系林嘉文时，得到的却是他已经跳楼身亡的噩耗。在此之前没多久，林嘉文曾经发过一条朋友圈：越发不明白自己这么拼是为什么，如果说是为自己，那只能说是为拼而拼。从中不难看出，林嘉文对于人生的困惑和迷惘，也许他想的太深远，已经超过了他这个年龄的承受范围。

对于林嘉文而言，他一定是觉得无处可逃，生无可恋，所以才以这样绝望的方式结束了自己的生命。他自杀前的从容坦然，非但不意味着他的自杀是冲动的行为，反而告诉世人他的自杀是经过深思熟虑的，所以他才会把生命中的最后一天当成人生中每一天那样寻常度过。他毫无牵挂，也没有想过已经人到中年的父母如何承受他死亡带来的打击，他似乎超然物外，也断绝了对人世间的一切眷恋和深爱。他就这样决然离去，留给世人无数的思考和拷问，也留给父母一个永远解不开的心结。

西方曾经有医学研究显示，长期服用抗抑郁的药物，会使人产生自杀的倾向。然而，这个结论只是一种猜测，并没有得到充分的证实。面对林嘉文的离开，我们更应该思考的是抑郁症对青少年的生命带来的巨大危害和恶劣影响。一个颇具才华的年轻生命就这样离开，按理说，他博古通今，对于很多问题的见解都应该更洒脱才对，为何反而进入了生命的死循环之中呢？逝者已去，活着的人无从寻找答案。但是作为父母，对于青少年心理健康的关注，包括整个社会对于青少年心理健康的关注，决不可忽视和轻视。生命是一趟没有返程的旅行，生命一旦结束，再也不可能得到机会重来。人生中到底有什么迈不过去的坎，让青少年不怕痛苦，也要以各种方式加速自己走向死亡的脚步呢？从现在开始，每个父母都应该帮助孩子勇敢地与抑郁症对抗，防患于未然，把抑郁症扼杀在萌芽状态，或者控制在可控范围之内，而不要等到痛彻心扉，才想起来去反省和挽留那个决然离去的稚嫩生命。

5. 我与环境：
青少年自残，也许是受到环境影响

最近这些年来，生活水平极大提高，精神文明快速发展，人们摆脱了生死线，拥有了更好的生存条件，但是自残行为却快速增长，日益严重，这到底是为什么呢？不可否认，自残行为的发生与社会文化环境有一定的相关性，尤其是在现代文明社会，自残行为不再是某个种族或者部落的祭祀仪式，而变成病理学现象，发人深省。因而，我们要更加深入了解青少年自残的社会环境因素的影响，才能有的放矢，有效降低青少年自残行为发生的概率。

不可否认，大多数自残患者都表现出一定的精神问题，甚至是有心理疾病。然而，心理疾病有很大的隐蔽性，很多心理疾病患者在日常生活中表现正常，如果不是专业人士，根本看不出来他们的心理问题有多么严重。他们自以为正常，对自己的心理疾病视若无睹，甚至压根缺乏这种意识，无法认识到自己的心理状态出现异常。最终，他们感到内心的忧愁苦闷和巨大压力无法排解，就出现了自残行为。除了心理因素导致的自残行为外，社会的急速发展也使很多人处于心理失衡的状态，而自残则是社会诸多不公平现象的综合结果。从某种意义上而言，自残患者通过自残，给自己的外在表象留下深刻的印记，就像是在以自己的语言与他人进行无声的但却震撼心灵的交流。很多人误以为自残者是在封闭自己的世界，实际上自残者是在用自己的方式与他人沟通。从内心深处而言，他们是渴望沟通的，正是因为对外界的需求没有呼应，他们才采取如此决绝的方式。

　　当自残现象更多地发生在青少年身上，我们也不得不更多地考虑社会环境因素对青少年的影响。近些年来，因为职业发展，很多父母远离家庭去工作，导致他们在青少年的成长中长期缺席，而对父母的依恋关系恰恰是青少年成长中的重要因素。缺乏父爱和母爱的青少年，也缺乏安全感，缺少感情沟通的渠道，必然会导致他们的内心发生改变。

　　除了社会环境使青少年的心理状态发生异常，有的时候，社会环境也会诱惑青少年发生自残行为。例如当新闻报道或者网络新闻详细讲述了某个人自残的事情，很有可能使原本内心深处依稀想要自残的青少年对自残的幻想变得更加"完美"。在这种情况下，他们对自残的朦胧设想变得清晰。这种现象，在那些敏感的青少年身上表现得尤为明显。那些新闻报道的本意是呼吁人们警惕自残，实际上对这些易感少年恰恰起到了推波助澜的作用，使他们走向自残的脚步更加急迫和坚定。举个最简单的事例，青少年一旦因为犯罪入狱，自残的概率就会大大提高。一则是因为他们从自由的生活环境进入封闭的监管环境，二则也是因为监狱中时常发生的自残现象，给他们做出了完美的示范。由此可见，社会环境对于青少年自残行为的发生有显著的影响，要想避免青少年自残行为的发生，就要关注这个方面的因素。

此外，和社会环境相比，家庭环境对于青少年的影响更加直接而且效果显著。在家庭生活中，假如父母之中有任何一人做出自残行为，就会大幅度提升青少年自残的可能性。众所周知，父母是孩子最好的榜样。同样，父母的行为对于尚且缺乏自控力、也不够理性的青少年而言，也是最好的诱惑。所以当父母发现青少年有自残的倾向，一定要先从自身进行深刻反省，看看自己是否给青少年做出了坏的示范。其次，还要关注社会环境，有的放矢地缓解青少年的紧张焦虑和抑郁情绪，避免青少年出现自残行为。

最后，父母还要注意不要对青少年起到误导作用。很多青少年在通过模仿学会自残之后，会有意识地观察父母对他们受伤之后的反应，因为很多青少年自残的目的是引起父母关注。如果父母无意间迎合了青少年的不成熟心态，让他们如愿以偿通过自残行为得到期望的回报，那么他们的自残行为可能会加剧。还有些青少年如前文所说的那样，想要通过自残要挟和控制父母，这种情况下一定要注意了，避免自残患者在自身和环境的双重作用下导致自残行为变本加厉。自残的环境模型告诉我们，自残患者之所以产生自残动机，就是因为他们在特定环境中实施自残之后得到了预期的好处。这一点是必须引起青少年的监护人高度重视和注意的。唯有从根源上杜绝青少年实施自残的条件，并且消除自残行为的双重功能，才能让青少年不再以自残作为与外界交流和沟通的手段。

6. 绝望之巅：
　　自杀，再也无法弥补的绝望

　　心理学家经过研究发现，相比其他年龄段，青少年产生自杀念头的概率似乎是最高的。为何青少年群体中自杀的念头如此普遍呢？这是因为孩子在小的时候并没有生死的概念，而从进入青春期开始，他们开始思考人生的意义，也思考生命存在的方式。实际上，在生命的存在过程中，很多人都会有意识地产生死亡的欲望，只不过当人们真正开始执行死亡的操作时，死亡就会如约而至，带给人死亡的最终结局。

　　对于自杀，世界卫生组织将其定义为：所有针对自身完成的暴力行为，或者超过规定的治疗剂量吃下对人体有害的毒药或者药物。自杀行为似乎是故意的，诸如上吊、投河、跳楼、割腕、嗑药等行为，都属于自杀行为。不过，很多人对于自杀行为还是存在误解，通常狭隘地认为只有直接自杀行为才是自杀，实际上，自杀行为也包括诸如酗酒、吸毒等会间接导致死亡的行为。举例而言，当一个人遭受致命的打击，往往会意志消沉，开始酗酒，实际上他的潜意识里是自暴自弃，希望结束自己生命。

　　青少年中自杀念头的产生概率很高，其中女孩的自杀欲望高于男孩的自杀欲望。需要注意的是，对于一个年逾古稀的人而言，自杀欲望出现的概率变得越来越低，他们很少会产生自杀的念头。比起有自杀欲望的青少年，那些已经实施过自杀行为却未遂的青少年，更是急迫需要得到治疗。

必须注意的是，对于这些已经出现自杀举动的青少年，只挽救他们的生命是远远不够的，还要对他们展开自杀危机的干预，消除他们心中的抑郁，激起他们求生的欲望，才能真正拯救他们的生命。

自杀，无疑是青少年的绝望之巅。当青少年无法得到有效的援助，陷入深刻的绝望境地时，他们就只能通过自杀这种冒险行为来引起他人的关注，释放自己的求助信号。他们也许真的悲观厌世，就像上文中所说的林嘉文一样冷静地自杀，希望通过这种方式解放自己的心灵，然而更多的青少年之所以自杀，只是想要以这样的冒险举动摆脱眼下的困境。他们之中，也许有些人此前已经进行过冒险尝试，例如自杀未遂，毫无疑问，他们在精神和感情方面非常脆弱，在生活中陷入绝望的困境。青少年并不像我们想象的那么无忧无虑、健康快乐。相反，很多事情都会让他们感到绝望，例如父亲酗酒、母亲离家出走、生活困顿，遭遇家庭暴力，或者是家庭遭遇其他的打击，也有可能他们自身在学习或者感情方面遭遇困顿，都有可能使原本就处于情绪波动之中的青少年做出决绝的举动——自杀。他们或者失败，彻底结束生命，或者成功，让自己找到生的契机。这样壮烈的方式，的确会让人感到触目惊心，然而最终的结果却未必能够达到他们的心意。

大多数选择自杀的青少年都有不同程度的抑郁症，他们对自杀的坚定态度决定了他们是否真的会实施自杀行动。很多自杀的青少年还有非常严重的焦虑障碍和抑郁障碍，这使他们自杀的欲望更强烈。需要注意的是，很多精神药物一旦长期或者大剂量服用，也会导致自杀倾向，尤其是对于进行药物治疗的青少年抑郁症患者，父母要更加引起重视，加强对青少年精神状况的监管。所以说，青少年的自杀因素有两个方面：一个是青少年自身的心理与感情脆弱，一个是在成长过程中出现的诱导因素。包括人际关系在内，很多事情都有可能使青少年陷入冲动之中，产生自杀的念头，甚至做出自杀的举动。必须注意的是，自杀未遂的青少年往往会继续保持自杀意念，这也使得他们自杀的欲望比普通人更为强烈。

很多青少年在自杀念头产生之前，往往会有很多消极的表现，诸如嗜酒、依赖药物、自暴自弃等。心理学家经过研究还发现，很多青少年如果很小年纪的时候就曾经发生过离家出走的举动，那么他们自杀的念头产生的概率更大。这导致自杀如同某些顽固疾病一样，在自杀未遂的后一年时间里，自杀的复发率很高。需要注意的是，青少年自杀企图比较明显，但是死亡意向却相对较弱。这也使得青少年的自杀死亡率比较低，而在年纪稍大的成人中，自杀的死亡率往往较高。但是这并不意味着我们对于青少年自杀的企图可以轻视，因为当青少年一而再再而三企图自杀时。他们自杀成功的概率就会大大增强。当然，这只能在预防青少年自杀成功方面取得一定的效果，而要想解决青少年自杀欲望的产生，就要了解到底是什么让他们感到绝望，而迫使他们不得不冒着生命危险以自杀这种方式来引起他人的关注。

萌萌已经16岁了，正在读高一。就在这一年，她的爸爸妈妈在坚持等到她中考进入重点高中之后，正式办理了离婚手续。原本，爸爸妈妈一定以为已经读高中的萌萌心理上会更加成熟，而且对于父母离婚的事件也能相对理智地面对，没想到萌萌的反应强烈得出乎他们的预料——萌萌吃了大量的安眠药。

被发现之后，萌萌已经处于深度昏迷中，被妈妈火速送到医院，才捡回一条命。从昏迷中醒来，萌萌用眼睛寻找爸爸的身影，没看到爸爸，她当即要求妈妈立刻把爸爸找来陪她，并且要挟妈妈如果爸爸不来，她就拒绝治疗。妈妈意识到这是萌萌企图让爸爸妈妈和好如初的伎俩，也意识到这次如果妥协，萌萌接下来不知道还会上演什么闹剧。为此，虽然妈妈明知道爸爸就在门外等候着萌萌醒来，但是妈妈却以坚决的语气告诉萌萌："爸爸不会来的，爸爸已经有了新的家庭，到了探望你的日子，他就会来。平日里他要照顾那个家庭，哪怕你再次吃下大量安眠药，除了忍受洗胃的痛苦之外，不会有任何效果。"萌萌留下绝望的眼泪，被妈妈喝令在门外等候而不需进入病房的爸爸泪如雨下，他心疼女儿，但是他知道前妻说的是对的。只有断绝了萌萌以自杀方式企图挽回他们夫妻关系的念想，萌萌才能快乐地活下去。

——案例来自爱普生涯青少年生存能力成长中心

在这个事例中，萌萌之所以突然自杀，目的并不是结束自己的生命，而是让爸爸妈妈重新走到一起，还给她一个幸福的三口之家。然而，既然萌萌已经脱离了生命危险，为了更好地保护萌萌，让她不至于因为达到了预期的目的而在未来再次采取这样的方式，妈妈只能狠心把爸爸拒在病房门外。这样，对萌萌未来的人生也许更好。

很多青少年看似坚强，什么都不在乎，其实他们的内心很脆弱，他们也经常因为生活中突如其来的变故做出冲动的自杀行为。就像青少年自残是为了胁迫父母一样，青少年的自杀企图也不乏有这样的因素在起作用。那么除了要尽量避免给青少年带来伤害之外，还要让青少年意识到，哪怕自杀成为事实，很多事情也无法改变。当这个目的被消除，青少年自杀企图也会相对减弱。即便如此，父母也要注意对待青少年自杀企图的态度，毕竟生命对于每个人只有一次机会，很多伤害一旦形成就再也无法弥补。

激进篇
——青少年犯罪的6个案例解读

  每一个人在自己还是孩子的时候,总是渴望着快快长大,变成像爸爸妈妈那样的大人,就可以做很多不能做的事情,经历不同的人生。这是因为每一个孩子心底里都渴望冒险,尤其是进入青春期之后,他们更是希望以自己的积极主动,去探索世界的每一个角落,去熟知人世间的每一个秘密。

1. 成人诱惑：
抽烟，真的意味着成长吗

虽然烟草对于人的危害并不能及时表现出来，但是烟草对人体的作用却是长期的，循序渐进的。因而，对于整个人类而言，烟草就是头号快感毒药。烟草中使人成瘾的成分尼古丁，是一种毒性强烈的生物碱，正常人一次性摄入60毫克尼古丁，就会失去生命。那么，一根香烟中含有多少毫克尼古丁呢？科学数据告诉我们，一根香烟大概含有10毫克左右的尼古丁。此外，香烟还会产生焦油，依附在人体之中。如果你曾经看过长期抽烟的人的肺部，一定会感到触目惊心。

很多烟民也许会说，抽烟并不对人体马上产生危害，而且也不像其他毒品那样会导致家破人亡。然而，这只是自欺欺人的说法。事实告诉我们，和海洛因、可卡因一样，尼古丁的成瘾性同样强大，很容易让人们对烟草产生依赖。如今，发达国家对于健康越来越重视，烟民的数量也迅速在减少。而在发展中或者正处于过渡时期的国家，烟民则依然很多。每年，大概有三百多万人死于烟草引发的疾病，这个数据让人触目惊心，也为广大烟民敲响了健康的警钟。然而，除了成人烟民之外，更让人叹息的是，全世界范围内，青春期的少年群体中，至少有五分之一的青少年已经开始抽烟。为何青少年对于香烟如此迷恋呢？而且，很多青少年明明知道抽烟的危害，却依然对抽烟的恶习乐此不疲，这其实是因为青少年对于抽烟产生了误解。很多青少年认为，抽烟能够向世界证明他们已经长大了。而有些青少年则是因为受到家庭环境的影响，所以对抽烟充满好奇。不管他们最初因为什么原因开始抽烟的，一旦他们感受到抽烟带来的麻痹作用和快感，他们就会在抽烟的表现上变本加厉。如此循环反复，导致大多数青少年烟民都已经形成烟瘾，越来越依赖香烟，也因此导致心理发生改变。有数据显示，抽烟的青少年对于违禁药品的使用更缺乏自制力，他们还具有攻击性，心理问题也日益严重。他们冒险的特征表现得更加明显，尤其是在香烟的刺激下，他们缺乏正确理性的自我认知，甚至觉得自己理应做出更加冒险的行为。

科学研究告诉我们，一个人如果从很小的年纪就开始抽烟，那么他们一生之中都依赖香烟的可能性非常高。有九成以上的烟民，都是自19岁之前开始抽烟的。反过来，这样的统计数据也告诉我们，一个人如果青少年时期能够控制自己不抽烟，那么他很有可能再也不会抽烟。由此可见，帮助青少年找到抽烟的根源和动因，从而彻底帮助他们打消抽烟的念头，这一点是非常重要的。很多青少年一旦沾染上烟瘾，哪怕理智上想要戒掉，也很难做到。此外，青少年戒烟难的另一个原因是，很多社会因素都在鼓励抽烟，因为有很多人都把抽烟作为社交的手段，这也给青少年的成长带来了不好的影响和作用。如今，有很多国家强制要求香烟广告商必须印制"吸烟有害健康"等字体，诸如泰国等国家，还会把让人作呕的抽烟危害的照片印刷在香烟盒上。然而，青少年依然缺乏判断力和自制力，唯有让他们发自内心地意识到抽烟的危害，并且为他们营造无烟的环境，他们才能得到更好的引导，也才能健康成长。

张明是个孤儿，从十岁开始，被孤儿院寄养在寄养家庭中。原本，张明以为自己从此可以开始幸福快乐的生活，却发现爸爸妈妈都是烟民，而且爸爸还依赖药物成瘾。张明觉得自己很无助，想要回到孤儿院，却已经回不去了。有一天，有个高年级同学给了张明一根香烟，让张明抽。张明拒绝："我还是孩子，不能抽烟，抽烟有害健康。"对方马上哈哈大笑："哦，你这个可怜的小家伙，原来你还是个孩子啊。那你为什么要与我们在一起呢，你应该回家找你的妈妈吃奶才对！"张明受到侮辱，觉得很难受，他赌气似的点燃香烟猛吸一口，被呛得直咳嗽，眼泪都流出来了。从此之后，有好几天，他一闻到香烟的味道就想呕吐。然而，过了几天之后，他突然对香烟产生了浓厚的兴趣，他的耳边始终回响着"你应该回家找你的妈妈吃奶"这句话。他偷偷地拿了爸爸一根香烟，这次，他小心翼翼吸了一口。他的反应没有那么强烈了，因而他又吸了几口。出乎意料，他感觉自己似乎真的长大了，而且发现香烟能够让自己保持镇定，恢复平静。

从此之后，张明开始迷恋抽烟。他先是隔三岔五从爸爸的烟盒里偷一根烟抽，后来发展到和高年级的男孩要烟抽。然而，随着对香烟的依赖性越来越强，他抽烟的量也越来越大，后来，他几乎一天要抽半包烟。长大成人之后，张明成为一个不折不扣的烟民，再也戒不掉对香烟的依赖了。

——案例来自爱普生涯青少年生存能力成长中心

这个事例中，张明最初抽烟就是因为受到诱惑，从而激发了他想要早日长大成人的渴望。因而他尝试着以香烟来伪装自己，昭告全世界自己已经长大了，却在此过程中感受到香烟给自己带来的麻痹和快感，因而也就对香烟越来越依赖。青少年抽烟不但会严重损害身体，导致健康状况频出，而且会给他们心理上也带来一定的影响。

要想让青少年对香烟敬而远之，首先要帮助青少年形成正确的思想和意识。让他们知道，抽烟并非代表着成熟，反而会伤害身体。如果一个人以为抽烟就能让自己显得成熟，这恰恰意味着他们内心的空虚和幼稚。当青少年在这个方面端正心态，他们就不会再以抽烟来扮酷或者伪装成熟，也就不会受到香烟的诱惑。当然，社会环境和家庭环境对孩子的影响也是很大的。如今，社会上的很多公共区域都禁止抽烟，而家庭中，为了孩子的身心健康考虑，父母也要坚决禁烟。一个在无烟环境中成长的孩子，他们厌恶闻到香烟的味道，抽烟的可能性大大降低。总而言之，抽烟对身体有百害而无一利，不管出于何种原因，青少年都应该珍爱生命，远离香烟。

2. 安全意识：
　　即使人高马大，也要保护自己

　　进入青春期之后，孩子不愿意始终处于父母的保护下，而希望自己能够更加独立，独自面对生活，独立解决很多难题和困境。实际上，对于青少年而言，他们在青春期不但身心发展迅速，而且也的确处于走出家庭、走向社会的关键时期。他们自以为已经长大了，不需要父母的保护和唠叨了，殊不知，青少年即使因为营养充分，长得比爸爸妈妈还高，从心理上和精神上来讲也依然不够成熟，所以青少年要想真正独立，一定要拥有安全意识，能够自我保护。

　　很多青少年初入社会，开始脱离爸爸妈妈的保护面对人生，却因为冲动等各种各样的原因，导致身处险境。有些青少年习惯了父母无微不至的照顾，所以对于危险并没有意识，这也是导致青少年受到伤害的重要原因。举个最简单的例子，有的青少年去和网友见面，被网友伤害，或者把网友约到家里，导致家中遭遇洗劫。因而青少年不要急于长大，更不要急于对父母的啰嗦和叮嘱不以为然。要知道，成长是一个漫长的过程，所谓吃一堑长一智，并不适合于任何时候。对于危险性比较大的事情，还是应该更多地从父母和长辈那里得到经验，也避免了毫无意义的受伤。

有些父母对于青少年的心理认知不足，总觉得青少年已经长得人高马大了，就对青少年完全放手。殊不知，现代社会情况非常复杂，好人有很多，坏人也有很多。在把孩子推出家门锻炼自立能力之前，一定要对孩子进行安全教育。有些父母从孩子小时候就对孩子进行安全教育，因而孩子很小就能独立做很多事情。而有些父母一直对孩子无微不至地呵护和照顾，导致孩子衣来伸手、饭来张口，这种情况下孩子自立能力当然很差，而且责任也并不完全在孩子身上。举例而言，就像一只野兽已经被驯化了，如果突然将其放入野生森林，那么它很快就会因为不适应恶劣的环境而死去。相反，如果这只野兽从小就在森林里长大，那么它对于环境的适应能力就会更好，也能健康地活下去，孩子也是如此。父母对于孩子最好的爱，就是学会放手，但是放手却要讲究时机，否则就会事与愿违。

子乔已经11岁了，正在读小学六年级。有段时间，子乔每天都闹着要自己去上学，奶奶和妈妈都很担心，因为平日里都是奶奶和妈妈负责接送子乔的。但是子乔态度很坚决，而且说班级里有很多孩子都独立上学和放学，妈妈仔细想了想，决定答应子乔的要求。但是妈妈也有一个条件，那就是要对子乔进行安全意识教育，并且子乔必须认真学习，通过安全意识教育，才能真正独自行动。

接下来，妈妈就针对孩子展开独立时有可能遇到的危险情况进行了搜集和整理，然后对子乔进行培训。培训结束后，妈妈还考了子乔，结果子乔满分通过。妈妈这才说服奶奶，放心地让子乔独自上学和放学。有一天，妈妈和奶奶去家附近的理发店理发，理发店的老板突然问起："你儿子现在自己上学啦？"妈妈心中一惊，赶紧问："你怎么知道的？"理发店老板回答："那天早晨他一个人背着书包从我的门口过，我看他一个人，就问他奶奶和妈妈呢，他说他可以自己上学啦。"妈妈笑着说："看来他很信任你，要是陌生人，他不会告诉人家他是自己上学的。不过，他也的确长大了，可以自己做些力所能及的事情了。"回到家里之后，等到子乔放学回家，妈妈问："你告诉谁你自己上学的事情了？"子乔摇摇头，妈妈启发再三，他也想不起来。妈妈只好问他："理发店的老板为什么知道你自己上学的事情？"子乔这才恍然大悟，把那天早晨上学遇到理发店老板的事情说了说。妈妈一本正经对子乔说："很多伤害，都是熟人导致的。诸如咱们的邻居，你同学的父母，理发店的老板，水果店的老板，甚至还有可能是家里的亲戚或者爸爸妈妈的同事等。你不要去轻易相信别人，对于需要保密的事情，也不要轻易告诉所谓的熟人。"子乔觉得妈妈说的是对的，赶紧点点头，表示已经记住了。

——案例来自爱普生涯青少年生存能力成长中心

在这个事例中，妈妈的安全意识还是比较强的。她为了子乔独立上学放学的事情，煞费苦心做了充分的准备，还是没有防止子乔把这个消息告诉所谓的"熟人"。人与人之间，有个几面之缘并不能称之为熟人，例如理发店的老板，只要去理发几次，就能相谈甚欢。但是，理发店老板从来不是知根知底的熟人。青少年刚刚开始自己独立行动时，难免经验不足，因而父母一定要从各个细节叮嘱他们保持警惕。否则伤害一旦发生，再也追悔莫及。

尤其需要注意的是，教会孩子防范他人，不但要告诉孩子小心提防陌生人，更要告诉孩子也要防范身边的熟人，不与任何人离开学校或者家这样熟悉的环境。如果遇到意外的袭击，还要告诉孩子如何向值得信任的人求救，这一点对于孩子而言非常重要。安全无小事，尤其是在复杂的社会生活中。千万不要觉得孩子很聪明，就一定能搞定所有的危险。记住，《小鬼当家》中的事情只能发生在影片中，而绝少发生在现实生活中。所谓害人之心不可有，防人之心不可无，任何情况下，自保对于孩子而言都是最重要的。

还需要特别说明的是：培养孩子的安全意识，一定不要过度向孩子灌输乐于助人的思想。几年前，一个护士学院的学生放学回家时，路遇孕妇，在孕妇的请求下送孕妇回家，结果被孕妇的丈夫强暴并杀死。这样的悲剧一经发生，就会彻底毁掉一个家庭，而作为旁观者，我们必须反思：孕妇欺骗学生固然可恨，但是如果学生具有安全意识，知道自己不能和陌生人进入封闭的空间，那么她就能够逃脱这样的噩运。此外，在遇到有人落水等危急情况时，不管是不是会游泳，都不要鼓励孩子奋不顾身下水救人。曾经有节目专门指出，落水之人求生意志特别强，如果不是专业的救援人员，反而很容易被落水之人拽入水下淹死。所以，关于几个大学生为了救落水的孩子而死亡这样的惨剧不应该再发生，明智的做法是马上拨打紧急电话求助，并且等待救援人员的到来再展开施救。否则，救人不成反而搭上自身性命的悲剧，依然会不可避免地发生。总而言之，安全无小事，哪怕父母思虑周全，也不可能为孩子列出所有的危险情况。除了考核孩子在具体情况下如何做之外，还要培养孩子的安全意识，帮助孩子建立正确的安全观念，这样孩子才能兵来将挡、水来土掩，有效保护好自己。

3. 我要刺激：
##　　酒精的诱惑真的那么大吗

　　除了烟草，世界上使用量最大的成瘾物就是酒精，由此也可以看出有很多人都依赖酒精，喜欢饮酒或者含有酒精的饮料。为了调查酒精对生活的严重影响，世界健康组织曾经进行过评估，结果显示世界上有20亿左右的人口饮用含有酒精的饮品，其中因为长期依赖酒精导致酗酒的，也有七八千万人。这些酗酒者都患有酒精使用紊乱症，不但严重危害自身的身体健康，也给身边的家人和朋友带来了极大的困扰。还有很多青少年因为饮酒无度，导致失去生命。在美国，调查结果显示，每年死于酒精的人数甚至比死于海洛因的人数还多出一千多人。由此可见，酒精给人类的生活带来了极大的危害，也严重威胁到人类的生命安全。

　　尤其是在相对落后的国家，酒精更是成为导致人们生病的头号杀手，诸如在南非，因为酒精而导致死伤的人数，仅次于不安全性行为和暴力死伤的人数。从整个人类学的角度来看，年轻人死亡是因为自杀、车祸和谋杀，而酒精恰恰会推动这些悲剧的发生。尤其是在青少年犯罪中，强奸案占有很大的比重，而饮酒之后作案的青少年强奸者占到所有青少年强奸者的三分之二。

　　酒精不仅仅是一种饮品，更是一种药物，还是威胁人类健康的毒药。很多孩子从十二岁开始饮酒，导致对酒精形成长期依赖。仅从健康角度而言，酒精也是会损害人体健康的。而青少年因为缺乏自制力，常常会大量饮酒，也就是我们日常所说的酗酒。而且，研究显示，青少年一旦发生酗酒的行为，对于不应该做的事情会更加失去自制力。例如他们有可能会食用大麻或者可卡因，也会更加倾向于冒险或者做出触犯法律的事情，就像酒后驾车，不但危害自己，也给无辜者的生命造成危害。

青少年为什么喜欢饮酒呢？最主要的原因是为了追求刺激。其实，很多青少年并不喜欢酒入口时辣辣的感觉，但是他们觉得忍受这样的痛苦等到酒进入胃部，大脑也会变得有些迷糊，脚底下轻飘飘的，内心也觉得非常轻松。似乎再大的忧愁苦恼，一旦大脑被酒精麻痹，就都变得烟消云散了。然而，酒精只能暂时麻痹人们的心，很多人陷入酗酒的状态，不断地喝酒、醒酒再喝酒，最终会因此变得抑郁，甚至有自杀的倾向，做出自杀的行为。这一切，都是酒精惹的祸，当青少年习惯于逃避在酒精的麻痹作用中，他们对于人生也会渐渐地放弃，陷入消沉绝望的状态中。

此外，青少年喜欢饮酒，也是因为他们天生敏感脆弱。很多青少年都有不同程度的心理问题，诸如内向、焦虑、紧张、压抑等，而一旦饮酒，他们就能释放自己的内心。从这个意义上来说，嗜酒的青少年更容易因为暂时的情绪爆发，而做出犯罪举动。这种情况下，父母要想有效改善青少年饮酒的状况，就要帮助青少年疏导情绪，解开青少年的心结，才能够让青少年内心充满阳光。父母尤其需要注意的是，要给青少年一个健康的生活环境。很多青少年因为家庭生活不幸福，家庭环境恶劣，而他们又无处遁逃而酗酒。最终，他们的人生必然沉沦，甚至坠入无底深渊。

很多父母对于青少年饮酒的危害没有明确的认识，反而把喝酒当成是一种有趣好玩的事情。他们甚至会骗孩子也喝一口酒，并且以此取乐，殊不知父母这样的态度会让孩子更加亲近酒精，也会对孩子饮酒的观点起到一定的影响作用。除此之外，父母还应该关注青少年的交往群体。虽然交什么样的朋友是由青少年说了算,但是父母必须对青少年尽到监管的义务,从而引导青少年远离酗酒的朋友。否则,同龄人的引导,一定会使青少年饮酒的概率大大提升。

也曾经有研究显示,遗传和基因,对人是否酗酒也会产生一定的影响。由此看来,酗酒是与遗传因素、性格因素、交往因素与环境因素等密切关联的行为。要想帮助青少年远离酒精,父母就要为青少年营造健康的生活环境,从而让青少年更加健康快乐地成长。

4. 不归之路:
　　犯罪——一条人生的不归路

近年来,青少年犯罪的发生率越来越高,而且很多青少年犯罪的手段之残忍令人咋舌。曾经,有一名十五岁的少年在路过农田的时候,试图强奸一名八十五岁的老妇人。按照伦理辈分而言,这个老妇人当他的奶奶都有些太大了。有的青少年去同学家里抢劫同学,然后轮奸同学的母亲。有的青少年为了抢夺陌生人的手机,居然把汽油泼向陌生人,并且点燃,导致陌生人中度烧伤。不得不说,青少年犯罪已经成为社会犯罪的重灾区,而且也因为青少年身心发展不够成熟,导致青少年犯罪表现出冲动型和无知型的特点。

看到这么多正值人生好时光的孩子不但毁了自己,也给其他人带来不可挽回的伤害,的确使人痛心。因为犯罪情节的恶劣,曾经有一位十五岁的青少年被判无期徒刑。他的人生还没有开始，就已经结束，他不得不在高墙内度过自己的下半生，也给其他家庭带来了痛彻心扉的伤害，他既是罪有应得，也是可怜的。通常情况下，青少年犯罪指的是从十二岁到二十五岁的青少年所犯下的罪行。这是因为，我国对于年满十四岁的孩子才追究刑事责任。当然，在任何一个社会，犯罪行为都不可避免，这是社会发展的副产物，甚至社会发展的文明程度越高，人们越有可能发生各种具有社会意义的犯罪行为。

从这个角度而言，青少年犯罪不但有内在的原因，也与受到的外界诱惑、家庭监管的不力、学校关于犯罪教育的缺失，都有很大的关系。从生理方面来看，青少年已经长得人高马大，甚至有些青少年比自己的父亲还要高大强壮，而从心理方面来看，青少年还处于心理上的发育阶段，很多思想、观点都不成熟。这就像是一个人拥有了重武器，却不能保证自己合理利用这个重武器一样，所以青少年一旦做出危害社会的行为，后果就会非常严重。作为青少年生活和学习的监管机构，不管是学校还是家庭，都要关注青少年的心理发展，从而把青少年犯罪控制到最低。

为了赶时髦，也追求与众不同，三个才刚刚20岁的女孩，决定以吸毒的方式度过一个难忘的生日。为了拥有私密的空间，也更具有刺激性，她们还邀请了三个男孩也来到宾馆，然后六个人一起分享毒品。次日，当警察破门而入他们被抓住的时候，这六个人还有些丈二和尚摸不着头脑。他们不知道自己哪里做错了，居然犯了法。根据交代，她们此前就曾经有过吸毒的经历，但是她们不知道吸毒是犯法的，这次也只是为了过一个特别的生日才聚集在宾馆的的房间里吸毒。他们还说吸毒有助于朋友之间交流，也能表现出自己酷酷的样子。

在这个犯罪事例中，当事人都很无知。他们小小年纪不再上学，离开了校园的安全环境，又因为缺少家人的监管，混迹于社会。在这种情况下，无知的他们难免走上犯罪的道路。这不仅仅是他们的悲剧，也是社会和家庭的悲剧。这样的悲剧要想避免重演，就需要社会和家庭的多方面努力，不能放任孩子，使得他们缺乏监管，走向无知的犯罪道路。

除了缺乏监管导致的犯罪之外，还有很多青少年是冲动型犯罪，也许是受到同伴的诱惑和怂恿，也许是因为社会环境的"污染"。青少年正处于身心快速发展的阶段，他们缺乏自控力，对于社会也没有经验和正确的认识，要想避免青少年犯罪，就必须加强对青少年的监管，增强对青少年犯罪的预防力度。不要等到青少年走上人生的不归路，再去追悔莫及，这个世界上没有卖后悔药的，人生也绝不可重来。

5. 吸毒欲望：
不要用毒品来挑战人性的软弱

前文说过，青少年在吸烟之后，往往会对大麻失去抵抗力。如果身边有人吸食大麻，他们也会尝试吸食大麻。从这个角度来看，吸烟和吸食大麻有着很高的并发性。而对于青少年群体而言，开始吸烟时年龄越小，他们吸食大麻的可能性也就越高。

在青少年依赖的精神兴奋药物中，大麻位居第三。而且，在吸食大麻的青少年群体中，男孩的数量比女孩更多。不过，很多男孩成长为真正的男子汉之后，如果他们有正当而又体面的工作，幸福而又快乐的生活，他们会渐渐地戒掉吸食大麻的恶习。但是如果他们没有工作，也不能自己养活自己，导致终日无所事事地闲逛，那么他们对于大麻的依赖性会越来越强。长期依赖大麻麻痹自己的精神和心灵，还会导致他们对于人生彻底失去希望，也不再辛苦努力地奋斗。由此，他们陷入恶性循环之中，在绝望和吸食大麻之间徘徊。

和对香烟与酒精的依赖一样，青少年吸食大麻的欲望也来自于两个方面的因素。一个是他们自身的原因导致的，一个是因为外界的环境导致的。然后不管因为什么原因，沾染毒品都是不可原谅的。有的时候，青少年吸食大麻也是为了追求刺激。比起酒精给人带来的快感，青少年更沉迷于大麻带来的沉醉感。当然，除了大麻之外，还有很多效率更强的毒品，诸如海洛因、可卡因，近些年还有冰毒、摇头丸等。青少年一旦对毒品成瘾，不但严重损害他们的健康，而且他们也会想方设法来为自己筹备毒资。有些青少年因为没有经济来源，甚至通过贩卖毒品来供自己吸毒。

众所周知，人对于毒品的依赖性是非常强的。很多人一旦沾染毒品，根本不可能顺利戒除，这是因为毒品会控制人的精神，也消磨人的意志，导致人越来越颓废沮丧，似乎满脑子想到的就是吸食毒品。这样一来，人生还有什么价值可言呢！所以作为学校和父母，一定要严格禁止青少年沾染毒品。尤其需要警告青少年，不要因为觉得有趣或者好奇，甚至是为了扮酷而吸食毒品。否则，一旦沾染毒品，人生就会进入万劫不复的绝望境地。曾经有新闻报道指出，在云南边境的缉毒警，为了消灭大毒枭，往往会派出警察作为卧底接触毒贩。这种情况下，毒贩为了让每个人都在一条船上，在不知道警察身份的情况下，会让每一个新加入成员吸毒。很多卧底警察因此染上毒瘾，却再三戒除不掉。除非有极其坚强的意志力，常人绝无办法与毒瘾对抗。可想而知，本身就缺乏自制力的青少年在沾染毒品之后，戒毒会多么艰难。他们之中有些人甚至已经几次三番进入戒毒所了，但就是没有戒掉毒瘾。

　　黄赌毒，这些都是青少年不能碰也不能沾的。其中，尤其以毒品排在首位。这是因为现代社会随着经济的发展，很多人都不知不觉中沾染了毒品，青少年生存的环境更加恶劣。唯有从根源解决青少年吸毒的可能，才能让青少年远离毒品。

　　然而，最坏的情况总会发生。当父母发现青少年吸毒之后，又该怎么办呢？有的父母在送青少年去戒毒失败之后，感到很绝望，不忍心看到孩子那么痛苦，因而就顺从孩子。殊不知，毒瘾就像人贪婪的欲望，会在最短的时间内急速膨胀。对于一个吸毒的人，哪怕有着家财万贯，最终也会被挥霍一空。而且，长期吸毒，青少年的身心健康都受到严重影响，有些吸毒成瘾的人为了得到金钱购买毒品，甚至做出伤害亲人的罪行，这些都是父母不能对孩子妥协的坚强理由。明智的父母不会因为一时心疼孩子，就对孩子的错误行为放任自流。他们会一次又一次狠心地把孩子送入戒毒所，他们不会嫌弃孩子，而是给予孩子更深切的关爱和照顾。只要父母坚持，有爱心和耐心和毅力，孩子就不会在错误的道路上越走越远。一个孩子要想摆脱死亡、疾病、人生歧途的威胁健康成长，真的是太不容易了。作为孩子的监护人，父母更要打起十二分的精神应对孩子成长过程中出现的各种状况，才能为孩子的健康成长保驾护航。

6. 麻花人生：
较劲的人生——青少年心理扭曲的根源

每个人在内心深处，都在进行着一场战役。这是因为人性并不像古人所说的是纯粹的善良或者邪恶。每个人的人性都是复杂的，既有善良的一面，也有邪恶的一面，而人的很多本能都充斥着自私、贪婪和欲望。在这种情况下，一个人要想变得善良，始终成为好人，就要与内心深处的邪恶进行坚持不懈的斗争，这样才能让自己的言行举止符合规矩，也才能引导自己内心的善不断成长，占据人生的上风。与此恰恰相反，一旦恶占据上风，人就会表现出邪恶的一面，甚至不断地被邪恶裹挟着，做出犯罪的举动。这正是犯罪率不断增加的原因。

心灵，是每个人的精神家园。正如西方一位大名鼎鼎的精神分析学家所说，心灵就是人的本身。心灵是最真实的自我，与每个人在日常生活中表现出来的完美的样子截然不同。既然心灵中既有善，也有恶，我们就要学会拷问自己的心灵，从而不断鞭策自己向上向善，而不要总是让自己沉溺于负面的思想中。

很多父母总是因孩子听话懂事赞美孩子，难道孩子听话懂事真的是好事情吗？一个听话懂事的孩子，必然是压抑自己的孩子，他们为了取悦成人，渐渐地迷失自我，表现出大家都想看到的那一面，殊不知，他们却因此压抑自己，也导致自己的心理越来越扭曲。最终，当青少年的人生出现较劲的麻花状态时，或者因为压抑过久表现出过度的邪恶时，父母未免感动惊讶：我的孩子怎么这样了？

不是你的孩子怎么这样了，而是你的孩子一直如此，只是没有表现出来而已。不是你的孩子为何突然就这样了，而是你始终要求孩子表现出你所期望的样子，孩子无法表现出自己本来的天性而已。与其等到孩子在较劲的人生中突然爆发，无法收场，明智的父母一定要知道，如何引导孩子顺着天性发展，让孩子自由快乐地成长。孩子内心的不良情绪能够及时得到宣泄，他们最终才会拥有充实的人生，他们的本性也更符合自然的样子。

一直以来，周萌都生活在一个大男子主义的家庭中。她的妈妈在家庭生活中几乎没有地位，一切都由爸爸说了算，不管是大的家庭决定，还是小到柴米油盐的事情，周萌总是面对着一个沉默的、不停操劳的妈妈，也受到潜移默化的影响，成为一个内向沉默、自卑的女孩。她从不引人注目，和妈妈一样懦弱，无条件地顺从爸爸。

然而，和周萌的性格完全相反，她的妹妹周庄却非常强势。周庄虽然也是女孩，但是她更像爸爸。她不管做什么事情都要说了算，都要拿主意，她不像一个女孩，更像一个说一不二的男孩。进入青春期之后，周庄这样的性格特点表现得更鲜明，她与爸爸针锋相对，几乎每天都要大吵一架。而且，周庄在和他人相处时，也表现出强势，从来不受任何委屈。虽然周萌和周庄一点儿都不一样，但是周萌内心深处却很羡慕周庄的敢说敢干、无所畏惧。她甚至很欣赏周庄，暗暗地祈祷自己也能变成周庄那样。然而，理想和现实总是相差遥远，每当周萌被爸爸训斥时，她只能默默地掉眼泪，不知道如何反驳爸爸，更不敢挑战爸爸的权威。最终，周萌发生了人格分裂现象，有的时候，她会突然变得暴躁不安，甚至极具攻击性，这是因为她心底里沉睡的那个"我"苏醒了。

——案例来自爱普生涯青少年生存能力成长中心

　　毫无疑问,周萌的人生是麻花人生,是较劲的。正是因为长期处于幻想自己变得勇敢的精神状态下,周萌的精神最终出现异常,她患了严重的人格分裂症。这样的症状必然使她心中的另一个我爆发,使她真正具有攻击性。然而,这样的结局是不应该出现的,如果周萌能够更好地面对自己的内心,不要试图逃避,如果周萌能够得到家人的帮助,不再压抑自己,那么她会真正变得强大,而且拥有统一的人格。

　　每个人的心灵都是战场,每个人都在心灵的战场上与另一个我进行搏斗。要想让自己获得统一,青少年就必须学会疏导自己的情绪,而不要任由自己在负面情绪中挣扎沉沦。作为父母,更不要强求孩子听话懂事,因为听话懂事从来不是孩子的天性。当孩子在父母精心营造的良好环境中自由自在地成长,能够面对自己的内心和胆怯,甚至适度释放自己内心深处的恶,那么孩子就能符合生长的规律,心理也会更加从容,而不会变得较劲。

游戏篇
——青少年网瘾的6个借鉴案例

　　网络无处不在,给人们的生活和工作带来了极大的便利,然而网络的很多副产物,也给人们的生活带来了很多负面的影响。尤其是对于自控力还比较差的青少年而言,当沉迷于网络世界中,他们的心灵不知不觉扭曲,一味地逃避在虚拟世界中,也让他们的现实生活残破不堪。

1. 暴力欲望：
血腥和暴力，网络游戏的副产物

每当社会上突然发生暴力或者谋杀事件，网络游戏往往首当其冲，遭受人们的指责和非议。2011年7月22日，挪威发生了一起恶性杀人事件。因为杀人犯最喜欢玩暴力游戏，所以很多游戏商店都决定联合起来把暴力游戏下架，共同抵制暴力游戏给人们的生活带来的负面影响。自从那起杀人事件，挪威下架了至少50款暴力游戏。实际上，游戏并不是导致青少年杀人的根本原因，暴力行为之所以发生，对于游戏的模仿只占很少的原因，更多的原因应该归咎于青少年对于武器的迷恋。

众所周知，人们不能因噎废食，就像成人不能因为某个地方发生了车祸就放弃开车，也不能因为某个朋友离婚了就发誓远离婚姻一样。要知道，早在游戏没有问世之前，这个世界上就有很多暴力行为。然而，不可否认的是，青少年的心智发育不够成熟，很容易受到外界的影响，而暴力游戏中的确有很多暴力的图片和情节，的确会刺激青少年的心理。曾经有一个专门针对网络游戏的调查显示，大部分网络游戏都会引起青少年的攻击性行为。那么，什么是攻击性行为呢？

攻击性行为涵盖了很多种行为，较轻的暴力行为有恐吓、威胁等，而最严重的暴力行为是置人于死地。就像那些高明的侦探小说会给罪犯提供犯罪思路一样，暴力游戏也会启迪青少年施展暴力行为的思路。当青少年在游戏中习惯了打打杀杀，习惯了血雨腥风，谁又能保证他们不会把现实和虚拟的世界混淆呢？网络游戏的血腥和暴力，使青少年的暴力欲望增强。也有心理学家经过研究发现，暴力游戏只会导致原本就有暴力倾向的人出现更严重的暴力行为和攻击性。即便如此，网络游戏的暴力和血腥依然会给青少年的成长带来更多的不稳定因素。当然，我们也不能把青少年发生暴力行为的所有原因都归咎于游戏，毕竟还有很多因素会对青少年出现攻击性行为产生重要的影响，诸如家庭环境、反社会的人格特征、父母对子女的恫吓等，都会导致青少年出现暴力行为。然而，既然已经意识到网络游戏对青少年发展的不良影响，我们就要及时关注这方面，毕竟哪怕青少年不玩网络上的暴力游戏，对于成长也不会造成恶劣的后果。

2012年8月30日，在云南富源县某个旅社中，怀有身孕的老板娘和年仅两岁的女儿被残忍杀害。办案民警到达现场后，在与案发旅社相距不到100米的一间房屋内找到一个手提袋，根据手提袋中存折上的相关信息，最终发现唐女士死于家中，尸体被藏匿在床底。民警分析发现这两起血案手法相似，因而联合办案。不出一个星期，两名犯罪嫌疑人付某和刘启智就被民警抓住。

经过疑犯审讯，付某和刘启智不但对罪行供认不讳，而且还供认了在湖南和广东省犯下的人命案。他们在短短的时间里跨越三省，杀死七人，接连作案，凶残至极。到底是什么让还不到18岁的两个少年如此丧心病狂呢？原来，这两个罪犯都是留守儿童，长期以来无人管教他们，而他们又沉溺于网络游戏，整日混迹于网吧玩暴力游戏。在金钱方面捉襟见肘之后，他们决定发挥点本领给自己弄点儿钱。不得不说，网络暴力游戏对他们起到了负面影响，而他们所处的生存环境，也让他们的成长完全偏离了正轨。

青少年本身心智发育就不成熟,对于很多事情的判断都缺乏理智。当长期沉迷于网络上的暴力游戏,他们难免会产生混乱的感觉,分不清楚现实与虚拟世界。最终,他们的心理发育和性格都会受到暴力游戏的影响,虽然这样的影响不足以促使他们犯罪,但是对于他们的心理影响不容小觑。

也有心理专家经过分析提出,充满血腥和暴力的网络游戏不是导致孩子走上人生歧途的根本性原因,但是当孩子因成长过程中积累了很多创伤而出现心理变态时,暴力游戏的负面影响就对孩子起到了负面的作用。总而言之,青少年需要正向的引导,不需要负面的误导,任何情况下,要想让孩子健康成长,父母要尽量给孩子提供良好的成长环境,也要多多关注孩子的精神和心理状态。当发现孩子的成长出现偏差时,更要及时为孩子注入正能量,引导孩子远离负能量。

2. 我的自律:
青少年为何会上网成瘾呢

人为什么会成瘾呢?众所周知,人都有需求,也必须有所依靠才能继续活下去。这种依靠或者是物质上,又或者是精神上的。新生儿从呱呱坠地开始,就有最基本的生理需求,等到生存条件得到满足之后,随着不断成长,人又产生了心理需求和精神需求。人的天性就是满足自己的需求,当需求得到满足后，人会觉得愉悦而又舒适。青少年之所以迷恋上网，是因为他们产生了对网络的需求。这从需求和欲望的方面，告诉我们青少年为何上网成瘾，是青少年网络成瘾的主观因素。

而从客观方面来说，互联网的流行使得每个人都生活在这张无形的大网中，很多青少年都以网络作为自己主要的娱乐休闲方式，甚至很多成人也对网络特别依赖。只要一天不上网，有些成人就会觉得心烦气躁，似乎生命中缺少了一项重要的活动，实际上这也是成年人对网络成瘾的表现。那么对于青少年而言，无处不在的网络不但给他们带来新鲜的资讯，让他们足不出户就能了解很多奇闻异事，更提供给他们生动有趣的电子游戏，使他们在虚拟的世界里纵横驰骋，满足他们很多在现实生活中想也不敢想的欲望，这使他们在心理需求和精神需求方面都得到满足，自然乐此不疲。所谓成瘾，从心理学的专业角度而言，实际上似乎有依赖倾向。尤其是在感到苦恼时，人们对于能给自己带来愉快感受的需求会更加强烈，因而也就尽量让自己重新获取愉快的感受。一旦需求得不到满足，人们就会怅然若失，觉得生活中少了什么，心中也空空荡荡的。所以很多人都情不自禁地追求那些能够给自己带来满足、充实感受的事物，就像抓住了自己的幸福与快乐。渐渐地，当某种行为成为习惯，人也就成瘾了。

毋庸置疑，青少年的自律力并没有那么强，自控力也还很弱。在感受到网络给他们带来的愉快感受之后，他们再也不愿意远离网络了，而心甘情愿把网络作为他们生活中必不可少的东西。哪怕意识到过度沉迷于网络带给他们的危害，他们也不得不屈服于自身的满足。这种情况下，成瘾的情况就急速恶化，而青少年也受到网络成瘾的奴役，导致自己的生活和学习都受到严重的影响。随着青少年网络成瘾的现象越来越严重，全国各地都出现了戒除网瘾的学校。被孩子上网搞得昏头涨脑、无计可施的父母们，把孩子送到专门的戒除网瘾学校。然而，等待着他们的未必是一个健康归来的孩子，近年来，孩子在戒除网瘾学校中被殴打致死的事件时有发生。不得不说，青少年网络成瘾固然不对，也的确给家庭带来了恶劣的影响，甚至有的孩子为了要钱上网，不惜伤害疼爱自己的父母和长辈，但是无论如何，父母不应该把自己对孩子的责任推给戒除网瘾的学校。试想，如果父母作为这个世界上最爱孩子的人都无法想方设法戒除孩子的网瘾，那些学校又如何能够帮助孩子呢？他们所采取的无非是强制手段和暴力行径，带给孩子的伤害是无法弥补和挽回的。

从某种意义上说，青少年的网络成瘾现象，和父母对于青少年的疏于管教有着密不可分的关系。孩子并非生而就喜欢玩网络游戏，如果父母能够更多地陪伴孩子，及时引导孩子适度玩网络游戏，把孩子的注意力转移到更多积极的事情上，那么孩子对于网络的依赖就不会那么重。在网络成瘾的青少年中，有相当一部分青少年在成长过程中缺乏父母的关爱，生活环境的冷漠无助，也是他们在网络中逃避现实的原因。很多网络成瘾严重的青少年，大多性格内向，胆小自卑，又冥顽不化，与父母的关系疏离，这不得不引人深思。

关于成瘾，1990年古德曼在《英国瘾癖期刊》上曾经提出定义，并且指出了成瘾行为的特点。首先，成瘾行为最为显著的特点就是行为控制多次失败。其次，就是明知行为会导致负面后果，但是依然延续行为。从成瘾的特点上，我们不难看出，要想戒掉网络成瘾，就是要拥有自控力。如果青少年在戒除网瘾时发挥自控力，那么他们不但能够改掉网络成瘾行为，甚至还可以给自己建立良好的行为习惯。然而，自控力并非天生的，尤其是对于已经网络成瘾的青少年而言，自控力显得更为薄弱。这就需要父母帮助青少年形成自控力，以各种方式转移青少年的注意力，让他们关注到生活中更多美好的事物，而不是一味地迷恋网络。从某种意义上说，一个生活充实、有趣味的青少年，很少会沉迷于网络，因为他感受到阳光的温暖、大地的芳香、与亲人和朋友相处得快乐，他怎么会心甘情愿生活在虚拟世界中呢？而大多数网瘾严重的青少年，都是缺少关爱、生活空虚、内心脆弱的。所以对于青少年网络成瘾现象，绝不要将其作为一个孤立的问题去看待，而要全方位立体看待这个问题，才能有效控制青少年的网瘾。

　　需要注意的是，父母在帮助青少年戒除网瘾的过程中，一定不要过于高估青少年的自控力，而且还要注意适度的问题。有极少数青少年之所以网络成瘾，并非是父母疏于管教，反而是因为父母管教太严。人天生就有好奇心，对于自己不了解或者没有机会了解的事物，反而拥有更强烈的好奇心。如果父母始终严格禁止孩子了解网络，那么一旦孩子有机会接触网络，就会一发而不可收拾。所以说父母的适度管理和引导，对于循序渐进、把握节奏帮助孩子接触和了解网络，是非常重要的。而且父母张弛有度的控制，也能够有效地增强孩子的自律力，让孩子拥有自己的力量管理好自己。

3. 我的逃避：
　　游戏，是青少年的世外桃源地

　　大多数网络成瘾的孩子，都表现出对网络游戏的绝对痴迷。那些被送入戒除网瘾学校的孩子，是要戒除对游戏上瘾的症状。青少年为何如此迷恋网络游戏呢？首先，互联网的普及使孩子们玩网络游戏成为顺手拈来的事情，甚至与看电视一样普遍。尤其是现代社会，不仅青少年对网络游戏成瘾，很多成人也喜欢玩网络游戏。其次，网络游戏的门槛很低，如今，几乎家家户户都有电脑，如果说以前还要去网吧才能玩电子游戏，那么现在足不出户就可以尽情畅玩电子游戏。哪怕家里没有电脑也没关系，智能手机已经人手一部了，甚至很多孩子都可以利用压岁钱购买智能手机，所以利用手机玩网络游戏，使得网络游戏在生活中更是随处可见，随处可玩。

青少年喜欢玩电子游戏，也许纯粹是为了兴趣，也许是为了消除学习上的巨大压力逃避现实。其中，有些青少年能够合理控制自己每天玩游戏的时间和频率，而有些严重成瘾的青少年却因此沉迷于网络游戏，导致做出很多"惊世骇俗"之举。例如很多青少年在家不被允许玩网络游戏，就只能去网吧里玩了，没钱的时候就偷家里的钱。还有的青少年为了玩网络游戏逃学，让父母在街头巷尾的网吧里四处寻找，不但学业一落千丈，还导致他们的身心健康也受到严重影响。近些年来，经常有青少年连续很长时间玩网络游戏后猝死的情况发生，也为人们敲响了青少年沉迷网络游戏的警钟。而且，长时间地沉迷于虚幻的网络，也让孩子身心分离，肉体虽然坐在电脑面前，精神却游离于虚拟的网络世界中，最终导致青少年产生现实和虚拟世界的混乱感觉，甚至失去同情心，变得冷漠无情，而且极具攻击性。

除此之外，长时间玩网络游戏，给孩子的视力、听觉、骨骼和肌肉等方面带来的损伤，更为严重。有些网络游戏成瘾的青少年，还会因为欲望得不到满足而憎恨、伤害亲人，简直到了丧心病狂的地步。至于不眠不休、茶饭不思，更是屡见不鲜。总而言之，电脑在青少年的成长中产生的作用绝非不可替代，当发现网络游戏对青少年的身心发展都造成巨大的危害，最好的办法就是帮助青少年更多地融入和参与到现实生活中，而不要让他们习惯躲避到虚拟的世外桃源地。

　　杨平是个性格内向的孩子，一直以来，父母都觉得杨平和其他孩子的接触比较少，总是沉默寡言。在进入小学高年级开始学习之后，杨平突然表现出对网络游戏的痴迷。他每天放学回到家里，吃完饭就会进入书房，直到睡觉时才离开。这样的情况持续一段时间之后，父母收到老师的通知，说杨平经常不完成作业，而且变得很孤僻。父母不由得重视起杨平的社交问题，也意识到如果杨平继续这样沉迷于网络游戏，未来的状况会更糟糕。

　　在咨询心理医生之后，父母意识到要想改变杨平的状况，首先要让杨平回归现实世界。为此，杨平每天放学之后的生活突然丰富起来。父母有的时候带他去看电影，有的时候会带他去同龄人家里做客。起初，杨平很排斥父母这样的安排，他甚至要求父母把他单独留在家里，并且保证自己不会走出书房，也不会犯下任何错误。然而父母心知肚明，他们所做的一切正是为了帮助杨平走出书房。

　　妈妈还细心地为杨平报名参加了篮球培训班，她告诉杨平："在那里，你会认识更多热爱运动的朋友。"在父母看似不经意的督促下，杨平渐渐地喜欢上运动，也更喜欢和同龄人一起进行各项活动。渐渐地，他从对网络游戏的痴迷中摆脱了出来。如今的杨平虽然周末的时候还会抽出半天时间玩网络游戏，但是他更迫不及待和朋友们一起去远足，或者来一次户外烧烤，哪怕是读书也好啊。

　　　　　　　　——案例来自爱普生涯青少年生存能力成长中心

　　在这个事例中，爸爸妈妈采取的方式很好。他们在得到老师反馈的信息后，马上不漏痕迹开始针对杨平的网络游戏成瘾行为展开切实行动。虚拟的网络世界毕竟不如现实生活来得生动有趣，当爸爸妈妈对现实生活进行精心安排，让杨平感受到现实生活的乐趣，就像是一场紧张的拔河比赛，杨平最终回归现实，不再逃避。

对于青少年而言，他们正处于人生发展的重要阶段，如果把宝贵的人生觉醒阶段与冷冰冰的电脑屏幕和机械僵化的电脑主机联系在一起，那么他们会错过生命中最精彩的成长。很多习惯于宅在家里玩游戏的青少年，在社会交往能力、创造力、团队协作能力等方面明显存在不足。如果不及时补救，他们成人之后的生活和工作也会受到影响。所以作为父母，一定不要让孩子过度沉迷于网络游戏，而要精心安排好孩子的现实生活，让孩子自由自在、开心快乐地成长。此外，过度的压力也会让孩子情不自禁想要逃到网络游戏里，从而暂时忘记生活和学习中的烦恼，因而父母的关心和理解对于孩子而言也是对现实生活的眷恋，是加分项，一定是必不可少的！

4. 低头家族：
如果爸爸妈妈都是低头族

细心的朋友会发现一种非常可怕的现象，那就是现代社会几乎人人都已经变成低头族，很少有人愿意和身边的人进行眼神和语言的交流。当这种现象愈演愈烈，现实生活中人与人之间的关系就变得越来越冷漠，甚至原本亲密无间的亲子关系也渐渐疏离，被隔绝在屏幕之后。

坐在地铁上，放眼望去，连在一起的好几个车厢中，至少80%以上的人都在低着头看手机，而剩下20%的人中，有些人在睡觉，有些人是不会玩手机的老人。如果夜晚有一双眼睛能够看透每一个家庭，那么更可怕的情形出现了：夫妻二人都在低着头看自己的手机，即使已经深夜了，身边有最亲近的人可以交流，他们却更愿意透过冰冷的屏幕看别人的朋友圈，看各种娱乐花边新闻，直到眼神迷离，困倦地睡去。孩子呢？在父母都是低头族的情况下，孩子或者在写作业，或者也在玩自己的手机，不得不说，孩子之所以变成低头族，和父母都是低头族有很大的关系。如今，还有哪些父母能够静下心来在夜深人静时给孩子讲一个故事，让孩子带着微笑甜美地睡去呢？大多数父母有时间刷屏，却没有时间陪伴孩子，或者索性把孩子交给老人抚养，似乎生孩子就是为了完成老人交代的传宗接代的任务似的。

众所周知，留守儿童在感情和心理方面都会有不同程度的异常。很多父母也许会说"没关系，留守儿童都在农村，我们在城市，和孩子一起生活，孩子的心理一定很健康"。其实不然。很多父母的肉体的确陪伴着孩子，但是灵魂却不知道去了何处，飘荡在无处不在的网络之中，神游外空了。这样的陪伴，只有形式而没有质量，根本不是真正意义上的陪伴。面对孩子也成为低头族，很多父母都气急败坏，要求孩子远离手机。殊不知，孩子是父母的镜子，父母可曾从孩子身上看到了自己的影像呢？

十五岁的徐克是个典型的低头族。正在读初三的他，白天在学校里不敢拿出手机，怕被老师没收，一旦等到放学，马上就会拿出手机，一边低头盯着手机，一边朝家里走去。有一次，徐克在过红绿灯的时候也看手机，与一辆电动车碰撞在一起，右腿骨折。

父母得到消息，赶紧赶往医院，得知徐克是因为看手机才出车祸，妈妈不由得气急败坏地说:"前段时间,有个年轻的妈妈因为看手机,一岁多的孩子被倒退的汽车碾压。有个年轻女孩看手机,结果失足掉落河里,被淹死了。"听了妈妈的话,徐克非但没有任何触动,反而挑衅似的反问:"你做饭的时候看手机,不怕手机掉进锅里被煮爆吗?爸爸开车的时候看手机,不怕出车祸吗?你们回到家里每个人捧着一个手机看,不怕我没人说话得抑郁症吗?"徐克的一番话使妈妈非常震惊,回想起此前的每个夜晚,她不由得陷入内疚之中。的确,不仅晚上她和爸爸回家之后都是低头族,就算偶尔带徐克出去玩,他们也总是盯着手机,丝毫没有全心全意陪伴徐克。

——案例来自爱普生涯青少年生存能力成长中心

对于徐克变成低头族,不得不说,爸爸妈妈都有不可推卸的责任。毕竟父母是孩子的第一任老师,当父母牺牲掉陪伴孩子的时间去对着手机刷屏、关心那些不相干的人晒出的无关痛痒的生活时,孩子自然而然也会变成低头族,甚至与父母的关系也会变得日渐冷漠,彼此疏离。可以说,亲子关系走到这一步,是低头族的父母一手造成的,当孩子在家庭生活中觉得落落寡欢,除了把所有的心思都寄托在手机上,他们还能做什么呢?因此父母要想避免孩子成为低头族,就要理清楚工作和生活的关系,哪怕是为了工作,也不能在回家之后依然盯着手机,对家人视若无睹。如果只是因为沉迷于无聊的朋友圈而忽略家人,则更加不应该。要彻底戒除手机瘾,这样不但可以抽出时间来陪伴家人,对于自己的身心健康也是有很大好处的。总而言之,手机已经绑架了大部分人的生活,在这样的情况下,父母一定要本着对孩子负责的态度,非必要时刻就远离手机,这既是珍爱生命的表现,也是关心孩子的前提条件。

在低头族的家庭中,孩子对于亲情的感受也会很淡漠,也因此会导致孩子自身感情淡漠，极少关注外在世界，甚至使孩子在人际关系的发展方面陷入困境。总而言之，作为低头族，绝不仅仅是浪费时间和精力的问题，对孩子的身心健康和感情发展都起到负面的影响。这样一来，孩子在成长过程中必然面对更多的困惑，也由此产生更多的问题。所以明智的父母会珍惜孩子成长的时光，不会把宝贵的时间都浪费在冷冰冰的屏幕上，而是用心地陪伴孩子，为孩子的成长保驾护航。

5. 巨大的网：
　　无处不在的网——互联网的通天之手

如今，整个世界都被一个巨大的网网罗着，这个网是无形的，不但覆盖全世界，也覆盖大多数人的心。从这个角度而言，每个生命个体又像是一个个蜘蛛，在忙着为这个网抽丝，与此同时被这个网束缚得更紧。就像天空和飞鱼的关系，很微妙，难以捉摸，也无法分割。如今，互联网已经成为一个世界性现象，有史以来，人类的任何现象从未像互联网这样拥有极高的普及率。随着互联网的普及，人类的生活越来越数字化，不同的社会阶层、不同的年龄群体的人，都接触到数字化生活。曾经有心理学家研究发现，个体要想顺利参与社会生活，几乎离不开在虚拟的网络世界中的交往。互联网的确使人类的生活、学习和工作都变得效率倍增，尤其是青少年和年轻人在学习的过程中，通过互联网几乎可以毫不费力地获取各种信息和知识。互联网也极大促进了青少年的交往，他们不但可以和身边的人交流谈心，也可以和远在天边的人进行信息交流。也由于网络的普及，甚至每个国家的政治机器都发生了变革，可以说，互联网的普及是继活字印刷机之后的又一大变革，使人类生活发生了质的飞跃和突破。既然如此，互联网到底是好还是坏呢？

实际上，对于互联网的评价，不能单纯从好坏的角度进行。就像人类历史上很多新生事物的出现一样，互联网对于人类生活有更多的功劳，但是也不可否认互联网的普及给很多人的生活带来了困惑。诸如对于缺乏自制力的青少年而言，他们未必能够控制自己只在学习的时候运用互联网，事实是很多青少年从互联网上看色情图片、沉迷于网络游戏，这些都是互联网的负面影响。现实生活中，很多成人也因为互联网对生活的深度入侵感到苦恼，他们可能不得不半夜起床收从另一个半球发来的工作邮件，或在着急出门的时候遭到孩子的不配合，因为孩子正等着网络游戏中的另一个玩家出现，和他打一场配合战。总而言之，互联网彻底颠覆了人类的生活，使人类在最大限度享受互联网带来的便利的同时，也因为互联网无处遁形而感到万分苦恼。这一切问题的解决，都在于我们必须逃脱互联网的通天之手，控制好使用互联网的力度。尤其是青少年，正处于自制力比较差的时候，更应该合理适度使用互联网，而不要一味地沉迷于互联网，导致现实生活中的学习受到严重影响，得不偿失。归根结底，人工智能再怎么发展，也不可能取代人类的智慧，任何时候我们唯有以人为本，才不会迷失在看似强大的网络中。

迄今为止，老宋还记得大儿子宋波读高中时的恐怖情形。原来，宋波原本学习成绩中等，可以考取一个不错的大学，但是突然间就迷上网络游戏，老宋不得不每天深夜去各个网吧附近和学校门口蹲守，就怕住校的宋波无法控制自己玩游戏的欲望，在熄灯之后偷溜出校门去玩游戏。当然，老宋的担心不是没有道理的，因为宋波的成绩急速下滑，已经成为班级中倒数几名。在老宋连续几个月的付出之后，宋波最终以不太好的成绩考入一所大专院校，勉强读了个大学。一转眼，宋波的儿子豆豆也读初中了，曾经人在中年的老宋已经六十多岁，变成了不折不扣的老爷爷。

面对豆豆的网瘾，宋波无可奈何，如果不让豆豆在电脑上玩游戏，他就会偷偷地用手机玩；如果不让豆豆在家里玩，他就会拿着压岁钱去网吧里玩，或者借同学的手机玩。这一点，是宋波在被老师打电话叫到学校去才知道的。至此，宋波才知道自己面临着多么严峻的局面。相比起自己年轻时网络刚刚普及，如今的孩子上网的途径太多，简直防不胜防。无奈之下，宋波只好把这个艰巨的任务交给与网络斗争有着丰富经验的老爷子。爷爷使出了浑身解数，在一整个暑假中与孙子豆豆形影不离，终于让豆豆对于网络游戏的依赖没有那么严重了。不过，爷爷并非严令禁止不许豆豆玩游戏，与时俱进的他很清楚，现在对于网络已经防不胜防，与其让孩子更加叛逆，不如引导孩子合理适度玩游戏。为此，爷爷用军营里训练新兵的方法，给豆豆制定了严格的作息时间，而且还坚持亲自陪着豆豆一起进行各种娱乐活动和运动。这样，豆豆才意识到过度游戏有害处，而适度游戏可以得到爷爷的许可和支持，甚至还有奖励，这样也就渐渐地形成自律力，也能够控制自己对游戏的欲望了。

——案例来自爱普生涯青少年生存能力成长中心

孩子痴迷于网络一旦成瘾，就会导致非常严重的后果。很多孩子不但学习受到严重影响，而且心理上也发生变化，导致行为举止异常。这种情况下，父母要做的不是把孩子送到戒除网瘾的学校，而是要更加用心地对待孩子，引导孩子严格自控，形成自律力，才能真正产生内在的动力与网瘾做斗争。尤其是当网络无处不在时，让孩子学会适度地利用网络学习和休闲娱乐,这一点是非常重要的。否则,网络是防不胜防的,孩子更是防不胜防的。

作为父母,也要与时俱进,才能给予孩子更好的引导。例如对于一个沉迷于网络游戏的孩子,如果父母对网络游戏一窍不通,那如何与孩子找到共同语言,进行良好的沟通呢?所谓解铃还须系铃人,要想真正打开孩子的心结,让孩子信服父母的教诲,先成为孩子的玩伴,对父母而言也不失为一个好办法。总而言之,每个孩子网络成瘾的原因和发展情况都各不相同,父母一定要多了解孩子,走入孩子的内心,才能有的放矢帮助孩子,引导孩子回到正常的生活和学习轨道上。否则,一味地气急败坏指责和批评孩子,只会导致孩子更叛逆,更加歇斯底里、不顾一切地逃避到网络中。

6. 疯狂人生:
不疯狂不成魔——游戏世界里的悲喜人生

当孩子沉迷于游戏世界,本身就处于青春期情绪冲动的他们,很容易陷入疯狂的状态。也因此现实生活中,我们经常听到某个玩游戏成瘾的孩子做出残酷的暴行,甚至残忍地伤害自己的亲人。这样的恶性事件,总是让人感到锥心之痛。孩子这是怎么了?为何突然间变得就像魔鬼一样不可理喻呢?这一切,都要归结于游戏对孩子的精神和感情麻痹,最终使得孩子们分不清幻想和现实,把在游戏中感受到的血腥和暴力发泄到现实生活中。如果你曾经去过网吧，你会被青少年玩游戏时候的痴狂状态吓到：每一个孩子都疯狂地敲击键盘，身体随着游戏的节奏不停地扭动，眼神直勾勾地盯着充满血腥和暴力的屏幕，口中还念念有词"我要杀了你""揍死你""你的末日到了"等等诸如此类的话。哪怕这些话是因为游戏中的情节而发出，也足以使人感到震惊。说得多了，话就深深地印刻在心底里，谁能保证孩子们在现实生活中不继续这么说呢？而且孩子对于游戏的痴迷程度，也让人触目惊心，你可曾看到孩子们做其他的事情也这么投入和专注呢？

别说是孩子了，就算成人在玩游戏的时候，也会表现出疯狂的状态。当然，大多数成人有一定的自控力，尚且能够控制自己，只有少数的成人玩游戏成瘾，导致生活和工作都受到严重影响。记得曾经有一对年轻的小情侣，他们谈恋爱的方式就是躲在一间窗帘拉得严严实实的卧室里，然后没日没夜地玩游戏。后来他们结婚了，但是他们坚决丁克，只勉强抽出半天的时间举行完婚礼，就又投入游戏之中。由于常年不见太阳，他们脸色惨白，表情阴郁，与人相处偶尔交谈显得很木讷，明显表现出对现实世界的无所适从。不得不说，这是现实的悲哀，也是游戏导致的惨剧。

当然，我们并不能因此说游戏就是邪恶的，毕竟世界上对人体有害的东西很多，例如很多具有强辐射的金属，一旦被食入人体，就会导致人中毒死亡。但是这些辐射物可以用来治疗很多疾病，包括人类的头号杀手癌症。所以我们不能因为辐射物会置人于死地就彻底摒弃它们，只要更加合理地利用它们，才能让它们物尽其用，对人起到积极的作用。同样的道理，游戏使人疯狂，使人变成魔鬼，也能够适度地帮助使用者发泄内心的压抑情绪，缓解焦虑。所以最根本的解决之道不是让网络游戏在这个世界上彻底消失，而是要从根本上帮助青少年形成自控力和自律力，让他们在繁忙的学习之余可以适度玩游戏放松紧张的心情，也可以让他们借助于游戏发泄内心的抑郁情绪，或者从游戏中得到更多的快乐。凡事过之而不及，任何时候都不要一味地沉迷于游戏，否则，不管是青少年还是成年人，都难免因为游戏疯狂成魔，人生也就会陷入绝境。

作为青少年的监护人，父母要更加关注青少年的心理和精神健康。当发现孩子沉迷于游戏逃避现实世界时，一定要及时引导孩子回归生活正轨，更多地接触现实世界。当发现孩子因为受到游戏的影响而行为异常时，更要引起足够的重视，千万不要等到孩子疯狂成魔时再追悔莫及。很多父母平日里觉得孩子很烦人，看到孩子沉迷于游戏，坐在电脑前几个小时都不起身时，往往觉得如释重负。这样的父母必须调整好心态，要意识到游戏不是带孩子的保姆，也不能给予孩子积极的引导和教诲。也可以说，这样的父母对孩子是极其不负责任的，一定要马上反省自身，才能避免给孩子的成长带来不可挽回的致命伤害。

爱情篇
——青少年恋爱的6大案例评鉴

  每一个处于青春期的孩子,内心深处总是充满了幻想。不可否认,青春期是充满诱惑的,少男少女总是憧憬未来,情窦初开的他们甚至看到异性就会脸红,而又情不自禁地想要亲近异性。青春期也似乎一个矛盾的年纪,对爱情的渴望和性意识的懵懂,都使青少年面对前所未有的考验。其实,爱情是造物主赐予人类最美好的感情,美好的爱情不是罪过,会给人生带来无限的美妙体验,也让人生变得更完美和无懈可击。

1. 我的烦恼：
少年维特之烦恼

在歌德笔下，少年维特之烦恼起源于与法官的女儿绿蒂的邂逅，他与绿蒂一见钟情，陷入爱情的旋涡之中无法自拔。从此之后，原本无忧无虑的他陷入深深的痛苦中，爱绿蒂而不能得到绿蒂，使他饱受折磨。为了挥剑斩情丝，他不得不离开如同世外桃源一般的家乡，回到城市，也回到世俗的生活中。最终，他还是感到绝望，也被令人窒息的现实生活所逼迫，最终无路可逃，只能选择结束自己的生命与所爱的人告别。虽然维特的烦恼归根结底是残酷的黑暗现实导致的，但是维特烦恼的起源却是爱情的失意。从维特身上，我们也不难看出爱情的力量使人痴迷，甚至会改变人的命运轨迹。

爱情，是造物主给予人类最美好的礼物和最珍贵的馈赠，爱情拥有神奇而又强大的力量，既会使人幸福得昏天暗地，也会使人感受到烈日灼心的痛苦。作为成人，尚且对爱情的滋味如此迷恋，更何况是情窦初开的青少年呢？正如歌德所说，哪个少男不善钟情，哪个少女不善怀春。对于青春期的少年而言，对异性感到好奇，产生好感，就像喝水、吃饭一样是很正常的心理需求和感情需求，不管是父母还是老师，亦或者是其他关心青少年的长辈们，都应该理解这种感情的发生和存在。遗憾的是，很多父母明明也从青春期走过，却忘记了曾经在自己心底涌动的美好感情，转而抱怨孩子没有把心思用在学习上，导致心烦意乱影响了学习，也耽误了远大的前程。

这么说的父母一定不知道，青少年的成长是立体式的。随着他们不断地长大，对学习的主动性越来越强，也意识到自己应该好好学习才能有充满光明的未来。然而，这并不意味着他们在其他方面的发展就完全停滞。相反，哪怕在初高中阶段，青少年的学习压力很大，尤其是在高中阶段，他们还面临着高考的严峻考验，但是他们依然有权利追求自己的感情，这是他们所处的身心发展阶段决定的。感情的需要在青少年的心中一旦萌芽，就会势如破竹。因此，父母也就不要对青少年所谓的"早恋问题"而如临大敌了。想想自己走过的青葱岁月，再想想青少年正在经历的人生阶段，明智的父母不会压制少年，而是会始终陪伴在少年身边，就像朋友一样与他们一同经历和感受美妙的爱情。

晓雪正在读高三，她和妈妈一起生活，而爸爸早在前几年就因为有了情人，而彻底抛弃了她和妈妈。一开始，已经懂事的晓雪很为妈妈抱不平，甚至要替妈妈去狠狠地骂爸爸和那个女人一通。妈妈很理智，安慰晓雪："晓雪，婚姻是两个人的事情，不管是结合还是分开，都不应该伤害无辜的人。妈妈只想告诉你，爱情要两情相悦，而爱情又是善变的。当爱情不在了，分开是水到渠成的事情，就像两个人曾经因为相爱而选择在一起一样理所当然。所以你要一如往常地生活，相信妈妈会成为你强大的后盾，不会让你的生活发生大的改变。"在妈妈的劝说下，晓雪渐渐地原谅了爸爸。

然而，高三这一年，原本因为父母离婚而怀疑爱情的晓雪，不知道为何就情窦初开了。她喜欢上了班级里的学霸兼班长凌霄，也总是对凌霄的一举一动特别关心和在乎。日久天长，凌霄似乎感受到晓雪的注视，也有意无意地与晓雪亲密起来。晓雪既感到紧张、幸福，也感到很不安：如果妈妈知道我的爱情来得不是时候，是否会强烈反对呢？在隐藏了一段时间的秘密后，晓雪终于忍不住把自己的情况告诉妈妈。出乎她的预料，妈妈开明地说："晓雪，妈妈恭喜你。在青涩的年纪里享受爱情，你会感受到爱情与众不同的滋味，你很幸运。其实，妈妈最遗憾的就是在十七八岁的年纪没有谈恋爱。"晓雪惊讶地瞪大眼睛，从此之后，她与妈妈如同以前一样既是母女，也是知心好友，她愿意与妈妈分享自己所有的幸福与忧愁、喜悦和悲伤。妈妈也因此时刻密切关心晓雪，引导晓雪。最终，晓雪和凌霄一起考入一所知名大学，成为亲密无间的同学和情侣。

——案例来自爱普生涯青少年生存能力成长中心

面对青少年的"早恋"，很多父母都将这种没有在最好的时间出现的感情视为洪水猛兽，也因而对青少年采取压制的态度，甚至采取过激的手段控制青少年的人身自由和感情自由，从而遭到青少年更加极端的对抗，结果事与愿违，起到了完全相反的效果，甚至对原本青涩的、两小无猜的感情也起到了推波助澜的作用。哪里有压迫，哪里就有反抗，把这句话用在父母对待青少年的早恋问题上，其实也是很恰当的。既然意识到这个问题，作为明智的父母，就要及时反省自身的态度和处理的方式，尽量争取不对青少年造成反作用力。

事例中，晓雪的妈妈做得很好。她既没有因为丈夫的背叛而在晓雪面前说丈夫的坏话，反而引导晓雪正确对待爸爸妈妈离婚的事情，从而帮助晓雪与爸爸恢复了正常的父女关系。很多受过感情伤害的妈妈很容易对女儿采取过度保护的态度，事例中的妈妈没有这么做，而是在得知晓雪喜欢上同班同学之后，给予晓雪极大的空间享受爱情，同时也潜移默化引导晓雪以正确的态度对待爱情、经营爱情。最终，看到晓雪与喜欢的男孩一起考入理想的大学,这应该是妈妈最感到欣慰的事情吧!我们不妨想象一下,如果晓雪妈妈当时选择不顾一切地反对晓雪,那么从小缺乏父爱的晓雪会被激起逆反心理,因而更加变本加厉,如同飞蛾扑火般奔向爱情的怀抱,做出冲动的举动,甚至使自己的人生受到不可挽回的负面作用和影响。

真正明智的父母,知道青少年感情的阀门一旦打开,感情就必然如同水流一样倾泄而出。一味地堵住青少年的感情出口,是完全不可取的。正如大禹治水,最终也是掌握了宜疏不宜堵的原则,才把大水治理好。父母在对待青少年的感情生活时,也要坚持正确的原则,采取正确的方法,才能恰到好处地引导青少年的感情,也才能让青少年理智地对待感情,处理好学习生活与感情之间的厉害关系。当然,前提是父母要保持镇定,不要不知不觉中就吓到青少年,更不要因此而导致亲子关系紧张,否则就会事与愿违,得不偿失。

2. 怦然心动:
预防早恋要未雨绸缪

孩子进入青春期之后,性别意识更加鲜明,他们只愿意和相同性别的同龄人成为朋友,却无法控制自己在内心里渴望亲近异性的感觉。实际上,这是因为性的萌动,才使得青春期孩子对于异性怦然心动,而且越来越爱慕。有些孩子能够控制自己的懵懂情愫,虽然关注和喜欢异性,却以学习为主，而把与异性的关系控制在正常的同学情谊范围内。有些青春期孩子不但喜欢异性，同时也发现异性喜欢自己，由此难免会与异性互相生出好感，陷入早恋。

大多数父母在提及早恋这个问题时，都是非常紧张的，甚至觉得早恋就是洪水猛兽，会彻底摧毁孩子的人生。实际上，青少年表现出对异性的喜爱是完全符合身心发展规律的，是非常正常的，父母无需对此过于担心。有的时候，原本青少年朦胧的早恋并没有什么，反而是父母如临大敌的态度对早恋起到推波助澜的作用。大多数青少年早恋的爱情是似有似无，非常懵懂的，他们觉得自己喜欢和某个异性在一起，哪怕多说几句话也会怦然心动。从这个角度而言，青少年早恋非常纯粹，两小无猜，根本没有成熟爱情中那么多的考量因素。

相比起男孩，女孩的心理年龄更加成熟，因而女孩的早恋发生得比较早。这也使得很多女孩子的父母尤为担心。事实却告诉我们，大多数早恋最终的结局是无疾而终，因为随着不断地成长和发展，孩子们对于爱情的观点以及对异性的喜爱与评价标准都会发生改变。所以早恋缺乏稳定性，而父母要做的就是引导孩子不要因为早恋影响学习。当然，为了避免孩子早恋，父母还可以未雨绸缪进行预防。尤其是现代社会，因为孩子的营养摄入更充足，导致他们的身心发展都加速，孩子的性成熟年龄也相对提前，所以很多初中生谈恋爱的现象屡见不鲜。

莉莉是一名初二女生。一天，妈妈下班比较早，正巧路过学校，决定在校门口等着莉莉放学一起回家。妈妈还买了莉莉最喜欢吃的烤红薯，想给莉莉一个惊喜。然而，放学的铃声响起，学生们都陆陆续续走出学校，妈妈足足等了半个小时，也没有看到莉莉的身影。妈妈心想：也许莉莉从我眼前走过去了，我没有看到呢？会不会被老师留下写作业呢？思来想去，妈妈决定还是先去教室看看情况再回家。

　　妈妈走到教室的后门时，就听到教室里传来莉莉高兴的笑声。听到女儿这么开心，妈妈也很高兴，然而，从教室的后窗，妈妈发现莉莉正在和一位男同学愉快地交谈。他们脑袋挨着脑袋，正在一起看一本书。妈妈的心不由得揪起来，惊恐地意识到：女儿长大了，不会在早恋吧。妈妈站在那里观察了一会儿，决定不出现，以免给女儿造成心理压力。回到家里之后，妈妈想了很久，也没有想出好办法来对待莉莉有可能出现的早恋。妈妈也不敢直接问莉莉，因为她担心自己的莽撞询问会把莉莉推向早恋。为此，妈妈决定采取旁敲侧击的方法，预防莉莉早恋。

　　妈妈等啊等啊，终于等来了合适的机会。这个周末，电视上正在播放关于青少年早恋的节目，妈妈装作漫不经心地问莉莉："莉莉，你们班级里有早恋的吗？"莉莉一声不吭，摇了摇头，妈妈继续说："其实，说是早恋，也不早了。几十年前，人们十七八岁就结婚了，这么想来，十五六岁恋爱也是正常的。只不过，以前的人们结婚之后就是一辈子，踏踏实实地过，就像你姥姥就是十五岁嫁给你姥爷的。但是，现代社会完全不同。孩子们十五六岁正在读初中，紧接着还要读高中、大学，所以早恋往往是没有结果的。而且，社会上诱惑这么多，看似孩子们都很聪明，心理上却没有真正成熟，对爱情更是懵懂无知，还是要等到最美的年纪才能收获最完美的爱情。"莉莉看到妈妈说话的语气很平和，也说："是啊，我们现在的同学，以后谁也不知道谁会去哪里。不过我们班有一对异性的好朋友，他们相约要考到同一所大学，不知道他们这样算不算早恋呢！"妈妈笑着说："他们这么理智啊，那倒是很好。实际上早恋也没有那么可怕，如果彼此有好感的异性同学相互激励，一起考入重点高中，一起考入同一所大学，再结为伉俪，那可真是两小无猜，青梅竹马，这样的爱情更是可遇而不可求的呢！"莉莉问妈妈："妈妈，你不反对早恋吗？"妈妈摇摇头说："早恋是最纯粹又美好的感情，是值得尊重的。如果早恋影响学习，那么当然要制止。如果早恋像你说的是好朋友，相约一起考入大学再谈恋爱，当然也没什么必须反对的。不过，初中学业很重，还是要尽量以学业为主，如果人生没有美好的未来，还何谈美好的感情呢！你说呢？"莉莉点点头，说："嗯，妈妈你说得对。"

——案例来自爱普生涯青少年生存能力成长中心

在这个事例中，妈妈在发现莉莉有早恋的倾向后，并没有像很多父母那么冲动，坚决制止孩子早恋。正所谓哪里有压迫哪里就有反抗，很多时候恰恰是父母的过激反应把孩子逼到更极端的早恋之中。如果父母能尊重孩子与异性之间的友谊，那么孩子的心灵就会变得更加纯粹。很多父母无形中就把问题想得太复杂，导致孩子也受到误导。其实，早恋只是一种美好的情愫，不是可怕的妖魔鬼怪，也是孩子处于青春期体验到的美好感受之一。

当然，如今青春期孩子因为早恋导致早孕的现象并不罕见，父母在针对青春期孩子展开早恋预防的时候，也应该及时对孩子进行性知识的普及教育。很多父母或者羞于和孩子谈论性知识，或者害怕性知识会起到相反的效果，实际上这些担忧并非空穴来风，但是作为父母，不能逃避对孩子的性教育。唯有让孩子学会如何保护自己，才是对孩子负责任的态度和做法。

3. 生命之重：
　　早孕的苦果是生命不能承受之重

近些年来，关于未成年少女怀孕生子的新闻时有发生。她们之中有些人是因为早恋，与喜欢的男孩发生性关系导致怀孕，又缺乏相关知识，导致孩子都已经呱呱坠地了，还不能意识到事情的状况。还有些少女则是因为父母都在外地打工，导致被留在家中和爷爷奶奶生活，所以即使遭遇性侵，也不敢声张，最终承受了生命不能承受之重。

不管是早恋引起的早孕，还是留守儿童因为遭遇性侵导致的早孕，这都是生命中不能承受之重。尤其是青少年缺乏性知识，导致怀孕很久也没有发现，因而错过了及时采取措施的机会。从未成年的孕妇，到未成年的妈妈，人生的未来让人担忧。针对未成年少女怀孕的现象，联合国曾经进行调查，数据显示发展中国家每年都有至少700万未成年少女生下孩子。尤其是在很多落后的地区，性无知现象非常严重，遭遇性侵产子的比例很高。而在大城市，年轻人新观念开放，偷尝禁果，又因为不了解相关的知识，使得未成年产子现象也日益增多。更让人担忧的是，中国留守儿童的数量高达6100万，达到农村儿童总数的40%。缺乏父母的精心照顾和有力监护，留守儿童中的女孩难免要面临暴力强奸的威胁，性无知发生无意识性行为，导致酿成恶果。

文文的家在河南农村。从文文出生之后一年，爸爸妈妈就让爷爷奶奶负责照顾文文，而他们则一起去了广州打工。只有逢年过节的时候，爸爸妈妈才会回家，与文文团聚几天。后来，文文渐渐长大了，可以自己照顾自己了，每到暑假的时候，爸爸妈妈也会让文文带着弟弟去广州过暑假，一家四口难得地团聚一个多月。

眼看着，一年一度的暑假又到了，每年这个时候，文文都是最高兴的，因为她又可以带着弟弟去和爸爸妈妈团聚了。然而如今的文文却怎么也高兴不起来，因为她有一个秘密已经隐藏了好几个月，不知道要如何和妈妈说。在车站接到文文和弟弟的那一刻，妈妈就明显觉察到女儿的异样。时值盛夏，文文穿着一件薄薄的裙子，小肚子明显地凸起来了。看着文文凹凸有致的身材，妈妈几乎要昏厥，接连逼问文文，才知道文文和同班的一个男生发生了性关系。但是，文文才十五岁啊，妈妈第一时间带着文文去了医院，但是文文已经怀孕七个多月了，此时如果终止妊娠，会发生生命危险。妈妈痛哭不止，不知道如何是好。妈妈也懊悔万分，是她一直在外面打工，没有时间管孩子，才会发生这样的事情。

——案例来自爱普生涯青少年生存能力成长中心

没有父母愿意发生这样的事情，然而，未成年少女早孕的事情还是时有发生，戳痛每一位为人父母者的心。青少年时期，孩子虽然看似身心发展迅速，实际上，他们的心理状态还不够成熟和稳定，面对爱情，他们时常陷入冲动之中，做出不该做的事情。这种情况下，父母要做的就是帮助孩子及时补救，不要让一时的错误毁掉孩子的一生。更让父母心痛不已的是，很多未成年少女怀孕的事情直到生产都没有被发现，或者即将生产，才被粗心大意的父母发现。这样的沉重，是一个年轻的生命无法承受的。

在一则网络新闻中，有一个留守女孩才十二岁，因为肚子疼让奶奶带着她去医院。医生的诊断结果让所有人大吃一惊，这个女孩已经有临产的征兆，并且于次日生下一个婴儿。远在外地的父母得到消息，母亲第一时间赶回家里，而父亲在回家之后，并不敢去面对自己的女儿。女孩直到成为妈妈，才把自己遭到同村一个六十岁老头的性侵事件说出来，在此之前，那个老头警告她："如果胆敢把事情告诉家里人，就把你的全家都杀掉。"十二岁的女孩，说小还很小，就这样被恐吓住了。然而，她的身体已经趋向于成熟，她的未来将会面临不能承受之重。在事情已经成为这样的局面之后，我们无法去挽回什么，但是却应该深思，是什么导致伤害进一步加重？如果母亲能够多多用心，在女孩青春期到来之际告诉女孩一定的生理知识，告诉女孩如何保护自己，如何在遭遇侵害之后避免事态恶化，那么女孩就不会不知不觉走到这一步。早孕，除了给女孩的身体带来严重的、不可逆转的伤害之外，更是会给女孩的心灵带来伤害。

4. 学会拒绝：
　　教会青少年拒绝异性的求爱

青春期孩子在对异性的感情方面，要经历三个阶段，也就是人们常说的青春三部曲。第一个阶段是异性排斥期，这个时期通常出现在孩子九岁到十岁之间，大概维持两年的时间。在此期间，孩子在生理方面出现青春期早期的变化，男孩和女孩的第二性征都开始发育，变得更明显。在此期间，孩子因为害羞，开始排斥异性，他们只与同性玩耍或者交流，很少与异性搭讪。第二阶段是异性吸引阶段，通常出现在十二岁到十三岁，大概持续两三年的时间。这也恰巧是孩子读初中阶段。这个时期里，孩子们对异性越来越好奇，喜欢与异性搭讪，或者与异性一起参加集体活动。在对各种类型的异性加深了解和不断比较的过程中，他们会确认自己喜欢哪个类型的异性。第三个阶段是异性眷恋阶段，大概发生在孩子十五岁到十六岁。在此期间，异性相吸的表现非常明显，孩子们内心萌生出对异性的强烈好感，也愿意与异性更亲近。然而，这个阶段的孩子不敢公开表达自己对异性的喜爱，往往与异性进行精神交往，从而满足自己内心对异性的渴望。总而言之，青少年对于异性的感受经历了一个过程，即先是排斥异性，然后是在群体中确定自己喜欢的异性类型，最后才是有针对性地渴望与自己喜欢和欣赏的异性亲密交往。处于不同的时期，青少年对于异性的表现是不同的。哪怕进入最后一个阶段，青少年表现出对异性的好感和眷恋也是完全符合身心发展规律的，父母一定不要对青少年原本正常的表现过度反应，甚至过激反应。

当然，每个孩子心理和感情发展的节奏未必相同。例如从性别的角度而言，女孩的心理年龄往往比男孩的心理年龄成熟，所以女孩也会更早地表现出对异性的渴望。其次，即使是同性的孩子，也因为发展的节奏不同，导致他们处于每一个时期的时间出现些许的偏差，这些都是正常的现象。正是因为不同时间的现象存在，导致青少年的早恋也面对着单相思的苦恼。就是当一个青少年向自己所喜欢的异性表达爱慕之心，而对方却并不喜欢自己时，就不得不承受被拒绝的痛苦。同样的，那个需要拒绝异性的青少年也会非常苦恼，因为拒绝向来不是简单容易的事情，往往需要鼓起勇气，还要寻找到合适的方法，才能起到预期的效果。虽然我们不赞成父母强制限制青少年早恋，但是也不鼓励青少年早恋。那么，如何才能教会青少年拒绝爱慕者呢？面对这样的问题，父母同样要慎重。因为一旦拒绝不慎，很有可能导致青少年的人际关系陷入危机，还会伤害那个无辜的爱慕者，导致事情不可收拾。

佳佳十五岁了，正在读初三，是个人见人爱的小姑娘，不但身材高挑、皮肤白皙，而且还是不折不扣的学霸。在班级里，佳佳如同女神一样存在着。所以可想而知，男生之中爱慕佳佳的人不在少数，只不过还没有人鼓起勇气向佳佳表白。

有一天放学后，佳佳正收拾书包准备回家，突然从课桌洞里掉出来一封信。佳佳看到信封上没有地址，信也没有封口，就打开看了。这一看，她不由得面红耳赤。原来，这是一封求爱信，一个叫张凯的男生向佳佳表达了自己的爱慕之情。佳佳不知道如何处理这封信，拿回家的话怕被妈妈看到，而留在教室里又担心被同学看到。无奈之下，她只好把信撕碎，扔到了厕所的垃圾桶里。看到求爱信如同石沉大海，张凯忍不住又写了一封，这次他担心佳佳没看到信，便趁同学们都去上体育课的机会，把信放到了佳佳的书包里。佳佳不知道有这封信的存在，放学之后和往常一样背起书包回家了。等到佳佳写完作业，妈妈为佳佳收拾书包，突然发现了这封信。这个时候，佳佳正在洗澡。妈妈打开信看了之后，不由得担心佳佳是否早恋了，因为妈妈无从判断这封信是单相思，还是佳佳已经与这个叫张凯的男孩互通情书了。

等到佳佳洗完澡，妈妈以试探的口吻说："佳佳，你的书包里有封信，你看到了吗？"佳佳不由得大吃一惊，当看到那熟悉的信封，她的脸不由得涨得通红，眼泪也快要掉下来了。她委屈地对妈妈说："妈妈，我保证我不知道这封信的存在。其实，我前几天收到过一封，不过我给撕碎扔掉厕所里了。我也不知道这封信是怎么出现在我书包里的。"妈妈笑着说："是不是有男生喜欢你了？"佳佳点点头。妈妈说："其实没关系，这恰恰说明我的女儿非常优秀啊。不过，这样的信还是要处理好。如果交给老师，必然导致老师批评那个男生，他说不定还会憎恨你。如果没有回应，只怕他会继续纠缠你。你想知道妈妈年轻时遇到这样的问题是如何处理的吗？"佳佳惊讶地问："妈妈，你也收到过这样的信啊！"妈妈笑着说："当然，你这个闺女长得这么漂亮，都是因为我这个当妈的底子好啊，所以妈妈被男生追求也没什么值得惊讶的。"佳佳又问："妈妈，你是如何处理的呢？"妈妈说："其实我的处理方式很简单，我把信原封不动还给男生了，告诉他我根本没看，也当这件事情没发生过。这样，他就不会再写，也不会担心这件事情被人知道。"妈妈的话给了佳佳启发，佳佳也说："好的，那我也把信还回去，我正发愁如何处理呢！我也担心他会再写，要是被老师同学知道，那就糟糕了。"次日，佳佳按照妈妈说的把信还给了张凯，从此之后，张凯果然没有再给佳佳写信了。

——案例来自爱普生涯青少年生存能力成长中心

青春期的男孩和女孩，都有可能收到异性的求爱信。这种情况下，一定要采用合理的方式处理好信件，才能避免给对方带来伤害，也才能避免给自己带来麻烦。当父母知道孩子收到求爱信时，要知道孩子也是被动收到的，所以不要批评孩子。此外，父母还要认识到，青春期的孩子很害怕失去朋友，也不愿意因此导致自己受到孤立，因而有一部分青少年在收到求爱信时容易犹豫不决，不能及时表明立场。这时，父母要首先了解孩子的态度，假如孩子也喜欢对方，那么就不是拒绝那么简单，而是变成早恋问题。如果孩子根本不想与对方恋爱，那么就要教会孩子以最好的方式拒绝，从而避免给彼此造成更多的困扰。

在教孩子处理求爱信时，一定要告诉孩子切勿公开对方的信，从而使对方遭到老师的批评或者同学的嘲笑。要让孩子拒绝时态度鲜明，以免含糊其词的话给对方带来希望，导致对方对孩子纠缠不休。如果遇到纠缠不休时，父母就要出面帮助孩子拒绝对方，从而保护孩子，避免孩子被纠缠，甚至遭受人身伤害。总而言之，青少年正处于身心快速发展的阶段，情绪很容易波动，尤其是在情窦初开面对爱情时，更容易做出失去理智的举动。所以对于青少年早恋的相关问题，父母也要引起足够的重视，给予孩子们恰到好处的理智引导。

5. 陪伴力量：
　　陪伴青春期的少年一起失恋吧

青少年的恋爱尽管是两小无猜，简单纯粹，但是爱情总是要两情相悦的。这就使得哪怕是早恋，也面对着各种复杂的情况，例如单相思不知道如何表白、被求爱不知道如何拒绝，又或者在错误的时间遇到了错误的人，不得不分手。当青少年陷入失恋的痛苦，又要如何度过漫长难熬的阶段呢？

很多人都说，失恋就像一场重感冒。的确，美好的爱情人人向往，而爱情却又总是充满了变数。尤其是青少年的早恋，因为他们的恋爱观还不稳定，对爱情的理解也比较肤浅，这使得他们的早恋面对极大的变数，时不时地就会出现各种状况。当沉迷于爱情滋味的青少年，突然被提出分手，他们不免觉得心灰意冷，也会因此而对人生陷入失望之中。实际上，随着早恋的发生频率越来越高，失恋也成为青少年不得不面对的人生苦涩。

近来，高一的豪杰正在陷入失恋的痛苦之中。原来，他自从上了高一就暗恋班级里的一位女生，而且还给这位女生写情书表白，又在女生过生日的时候送上贴心的玩具，但是这都没有避免他遭遇拒绝的噩运。原本乐观开朗的豪杰，一下子因此陷入失望之中，品尝失恋的痛苦。

豪杰听到很多同学都在热议影片《失恋三十三天》，到了周末，他也要求去看这部影片。一听到这部影片的名字，爸爸就觉得很紧张，为此，他在批准豪杰去看电影之前，先自己把这部影片看了一遍。看过之后，爸爸觉得这部影片的确适合青少年看，因而为儿子买好电影票。等到豪杰看完影片之后，爸爸问豪杰："儿子，你觉得这部影片拍得如何？"豪杰还没有从失恋的痛苦中走出来，因而马上长篇大论发表失恋的感受。这时，爸爸告诉豪杰："其实，我也曾经失恋过。"豪杰不由得惊叫："真的吗？你是被妈妈拒绝的吗？"爸爸摇摇头，说："怎么可能呢，我和你妈妈不是结婚有了你嘛。我是上高二的时候，被班级里的班花拒绝了。"豪杰惊讶地问："班花为什么拒绝你呢？"爸爸笑着说："也许是我长得不够帅吧，不过，最主要的原因是我的学习不太好，班花是学霸，当然瞧不上我了！"豪杰陷入沉思，爸爸说："孩子，人生的道路很漫长，很少有人能够一见钟情定终生，很多人都曾经尝过失恋的滋味。不过没关系，我很愿意再陪你经历一次失恋，我当初失恋之后就去跑步，跑着跑着觉得也没什么大不了的。就像我在这里遇到一个比较好的人，跑到前方几公里外，说不定还会遇到一个更好的人。你觉得呢？"豪杰和爸爸一拍即合，当即决定出门郊游，让自己遇到更多的人。

——案例来自爱普生涯青少年生存能力成长中心

很多父母对于孩子的早恋都持反对态度，因而在看到孩子失恋之后，甚至会产生幸灾乐祸的感觉。殊不知，失恋不是孩子的错，毕竟有很多成人也被失恋折磨得挺痛苦。正所谓锦上添花不如雪中送炭，父母正好可以借此机会与孩子套近乎，在孩子最脆弱的时候陪伴在孩子身边，或者就像事例中的爸爸一样爆自己的料，安抚孩子受伤的心灵，这也不失为一个好办法，可以有效安抚孩子的情绪，也可以借机与孩子之间建立良好的亲子关系。总而言之，失恋不可预期，最大限度帮助孩子减轻失恋的痛苦，陪伴孩子一起走过失恋的日子，这才是最重要的。

其实，失恋对于孩子也未必是坏事请，反而能够让孩子走向成熟。父母不要在孩子失恋的时候对孩子冷嘲热讽，要真切关心孩子，帮助孩子转移注意力，让孩子在父母的陪伴下走出失恋的阴影，孩子才会变得更坚强，也意识到只有家才是他们永远的避风港。此外，也不要打击孩子对于爱情的热情和憧憬，而是引导孩子把更多的时间和精力投入到学习中。要让孩子意识到，一个人唯有变得强大起来，才有资格追求更美好的爱情，也才能等到爱情来敲门。总而言之，青少年心理上比较脆弱，感情方面也很敏感，父母一定要理性对待青少年失恋，给青少年适度的关爱和引导。

6. 同性爱恋：
   青少年的同性恋倾向

青少年是个状况百出的群体，很多时候父母担心他们早恋的心还没有放下来，却发现他们表现出与同性亲近的倾向。这种情况下，所谓的早恋一下子变得不值得担忧了，很多父母纷纷表示：我宁愿孩子与异性早恋，也不想看到孩子卷入同性恋之中。的确，性取向问题会影响孩子一生的幸福，没有任何父母愿意看到孩子表现出同性恋的倾向。但是当看到孩子表现出与同性亲近的倾向时，父母也完全无需过于担忧，因为孩子的身心发展还没有完全成熟和定型。首先要了解孩子与同性走得过于亲密的原因，父母才能有的放矢处理好孩子出现同性恋倾向的问题。

第一点，即使孩子出现同性恋的倾向，父母也要保持理智和冷静。要意识到，仅仅从言行举止上或者从穿衣打扮上，不能对孩子的同性恋倾向妄下定论。实际上，哪怕孩子表现出更喜欢同性，或者是与同性出现过于亲昵的举动，也并不意味着孩子就是同性恋。很多孩子之所以与同性亲密无间，只是在模仿电视里的情形，或者只是觉得这样的行为很猎奇，能够引人注目，觉得好玩，并非是真正的同性取向。尤其是青少年，往往希望得到更多的关注，也希望自己显得与大多数人不同，因而父母哪怕看到青少年表现怪异，也不要枉下断言。

第二点，在发现孩子出现同性恋倾向时，父母一定不要对孩子表现出厌恶或者嫌弃的言行举止。父母对待孩子的很多不正当行为，非但无法有效禁止孩子的错误行为，反而会起到相反的作用，导致孩子产生叛逆心理，因而各种不正当的言行举止也就更加变本加厉。父母一定要如同往常一样对待孩子，然后潜移默化引导孩子更多地与异性接触，例如和异性在一起玩耍，参加有异性的集体活动，或者带着孩子走亲访友与同龄的异性在一起交流等，都能有效缓解孩子的同性倾向，也让孩子渐渐地接受异性，感受到与异性相处的快乐。

第三点，尤其需要注意的是，很多父母在孩子小时候，因为觉得好玩，会给孩子穿异性的衣服，这也会导致孩子对自身的性别产生错误的认识。诸如很多父母喜欢女儿，就给年幼的儿子穿女孩的裙子，扎上小辫子等。虽然孩子看似还很小，但是这会给孩子产生潜移默化的影响，导致孩子产生性别错位。所以当孩子在成长的过程中出现各种异常，父母不要一味地责怪孩子，而要更多地想一想教育中是否出现错误或者偏差，导致对孩子起到不好的作用和影响。这也为更多的父母敲响警钟，不要觉得孩子年纪小，就对孩子的教养不以为然，实际上心理学家经过研究发现，很多孩子在童年时期的创伤或者遭受到的对待，甚至会影响他们成年之后的很多表现。因为对于孩子的教育无小事，父母一定要重视孩子的教育问题，要遵循正确的指导、采取正确的方法教育孩子。

琪琪出生之前，爸爸妈妈都盼望着得到一个儿子，这是因为爸爸是三代单传，爷爷奶奶一直梦寐以求想有个大孙子。在看到琪琪是个女孩的那一刻，不可否认，妈妈心中是失望的，可想而知，每个人都很失望，但是这并不能阻止琪琪的降生。

因为在琪琪出生之前准备的衣服都是男孩的衣服，所以妈妈只好把琪琪当男孩养。也因为琪琪长得虎头虎脑、胖乎乎的，所以小区里一起玩的很多父母也都以为琪琪是男孩。渐渐地，妈妈总是喊琪琪为"大儿子"，再给琪琪买衣服的时候，也总是买中性的衣服。就这样，琪琪像个假小子一样长大了，转眼之间已经成为高中的学生。然而，妈妈发现琪琪在和其他女孩相处时，没有女孩的娇气，反而就像一个男子汉。在诸多女孩中，琪琪尤其和一个女孩关系特别好，而且琪琪还经常称呼那个女孩为"宝贝""亲爱的"等等。居然有一次，有个男孩向那个女孩表白爱意，琪琪为此还和那个男孩打了一架。妈妈不由得惊恐地意识到：琪琪难道是个同性恋？回想起自己从琪琪小时候就把琪琪当男孩子养，妈妈不由得懊悔万分。

——案例来自爱普生涯青少年生存能力成长中心

在这个事例中，琪琪之所以表现出明显的男性特征，就是因为妈妈一直以来错误的养育方法，使得她产生了性别意识的错位。当琪琪误以为自己是男孩，或者潜意识里认定自己是"大儿子"，那么她喜欢女孩看似是同性恋的倾向，实际上却是错误的性别意识导致的。所以父母在养育孩子的过程中千万不要因为自己的喜好，就给孩子错误的认知，这样对于孩子的成长是很不利的。一旦这种影响进入孩子的潜意识，对于孩子长大成人之后的生活也会产生困惑。当然，即便如此，事例中的妈妈也不能认定孩子就是同性恋倾向，而应该及时给予纠正，诸如给琪琪买漂亮的裙子，让琪琪学会女性的温柔等，这都能有效缓解琪琪的同性恋倾向。

总而言之，青少年表现出同性恋倾向的原因是多种多样的。还有些青少年因为在爱情方面遭到拒绝，因而深受打击，所以把交往的重心转移到同性方面。也有些父母坚决禁止孩子与异性交往，也会导致孩子渐渐地缺乏与异性交往的兴趣，使得孩子更多地沉迷于与同性相处，甚至对同性萌生好感。极其个别的情况下，父母之中有任何一方给家庭带来伤害，也会导致孩子厌恶异性，倾向于与同性交往。这些，都是青少年在成长中出现的迷惘状态，虽然有异于正常的行为，但是并不能因此判断孩子就是同性恋。父母一定要给予孩子足够的爱和耐心，引导孩子渐渐趋于正常，健康快乐地成长。

大学篇
——青少年大学的8大人生启示

经历了黑色的六月,孩子们终于迎来了大学录取通知书。大多数孩子对于大学生活充满了憧憬,希望在象牙塔中充实自己的人生,邂逅浪漫的爱情,开始崭新的人生阶段。然而,随着社会生活中的压力不断增大,大学校园也不是无忧无虑的所在。越来越多的大学生感受到来自各方的压力,也从大学校园得到人生的启示录。

1. 我的心情：
充满阴霾的天空，让心能拧出水来

进入大学校园之后，随着对大学生活的新鲜感渐渐退去，越来越多的大学生感受到学业上的压力，也因为成长，他们对于生命的感悟更深刻，也逐渐感受到来自于社会的生存压力。他们最终意识到，大学校园不是象牙塔，不是充满了浪漫和美好的世外桃源。社会上的很多紧张，也渗透进入大学校园，而且更多大学生不再单纯，除了依然继续人生的烦恼之外，也因为生存压力和残酷的就业竞争，感觉到自己即将窒息。

实际上，大学新生在经历心飞扬的阶段后，总会产生适应性障碍。的确，大学阶段的学习和曾经的初高中阶段截然不同。如果说曾经孩子们接受的教育是填鸭式的，那么在大学校园里，孩子们就要学会自主学习。而且，也因为大学是全国各地莘莘学子中精英学生的聚集地，所以孩子们曾经的优越感也不复存在了。他们从初高中的佼佼者，变成大学里最为普通平凡的学生，心中未免会感到失落。此外，大学生活中，孩子们从父母和爷爷奶奶无微不至的照顾中脱离出来，独自面对生活，有些孩子甚至不会铺床，不会剥鸡蛋，因而面对自生自立的挑战。这一切，使得大学生心中产生巨大的落差，甚至因此产生畏难情绪，有的大学生因此而退学，有的大学生因此而抑郁，甚至产生轻生的念头。总而言之，他们的大学生活进展并不顺利。这样类似的情况在大学校园中并不罕见，所以每年新生入学之时，都是大学老师和辅导员最为紧张的时刻。他们必须时刻关注孩子的心理状态和精神状况，才能防患于未然，及时疏导孩子们的情绪，也让孩子们顺利度过初入大学的适应期，快乐地开始大学生活。

作为大一新生，李晨的表现并不出乎老师们的意外。据说第一天报道结束，因为不会铺床，李晨花钱雇佣了宿舍里的舍友为他铺床。否则，他就要坐在床沿上一整夜。作为辅导员，张晴对类似的情况已经司空见惯了。所以次日，张晴就特意给李晨上了一课，教会李晨基本的生活自理能力。

因为学校里展开军事化管理，所以李晨对于学校的生活很不满意。毕竟，这与他梦想中的自由散漫、潇洒的大学生活相差甚远。而且，在与宿舍的舍友们相处时，在家里娇生惯养的李晨也遇到了很大的困难和障碍。五一节的某一天，有个同学突然发短信给张晴，说李晨貌似有轻生的念头。不管在哪个大学校园里，同学们的人身安全都被放在首位，而保证学生们的安全，也是张晴工作的重中之重。为此，张晴马上赶回学校，并且在回校途中向校领导汇报了此事。在取得李晨父母的联系方式后，张晴片刻也不敢耽误，第一时间联系李晨父母，了解李晨家中是否有重大的事情发生。结果，李晨父母告诉张晴家里平安无事。

张晴心中这才有了底，见到李晨之后，张晴询问李晨最近有什么不高兴的事情，李晨丝毫提不起兴致，爱答不理地对张晴说："没什么，我就是觉得大学生活和我想象的不一样，没意思、很乏味。我觉得与其这样活着，还不如死了反而是一种解脱。"看到李晨释放出如此强烈的轻生信号，张晴大吃一惊，因为以往有学生悲观厌世，但是在老师面前还是会有所收敛的。在确定李晨没有任何身体上的不适之后，张晴第一时间带李晨去学校的心理诊所，让专业的心理医生帮助李晨疏导情绪，解开心结。最终，心理医生诊断李晨患有中度抑郁症，需要在父母的监护下吃药进行治疗。

——案例来自爱普生涯青少年生存能力成长中心

看到李晨千辛万苦好不容易考入大学之后的表现，相信有很多人都会觉得不可思议，难道进入大学学习不是莘莘学子梦寐以求的吗？其实，李晨身上出现的情况在大学校园里并不罕见，很多大学新生进入大学都要经过一段时间的适应，而当意识到大学生活不符合自己的想象和预期时，他们甚至会因为失望而陷入抑郁状态。

不得不说，考上大学虽然是一件值得庆祝的事情，但是心理上比较脆弱的青少年，一下子进入大学生活会面临着很多困难和窘境。在这种情况下，父母要有意识地关心青少年的学习和生活，尤其要多多关注青少年的心理和精神状态，作为大学辅导老师也要更加注意青少年的心理问题。当对人生充满希望的时候，青少年是不会表现出情绪上的巨大失落和行为上的异常的。大多数青少年一旦出现行为异常，就意味着他们的心理状态出现了问题，此时一定要及时进行心理干预，才能避免青少年在抑郁和冲动之中做出不当的举动。需要注意的是，如今已经不是"两耳不闻窗外事，一心只读圣贤书"的时代，大学生也无法躲藏在象牙塔中过着世外桃源的生活。唯有摆正心态、端正态度，让自己拥有健康的心态，大学生才能更好地生存和发展，通过学习不断提升和完善自我。

2. 生命之思：
　　大学校园中，自杀率为何持续攀升

近些年来，大学生自杀的事件越来越频繁发生，他们之中既有刚入学的大一新生，也有即将毕业的本科生、研究生，甚至是学历很高的博士生。面对这些选择结束生命的青年，很多人都不理解他们为何自杀，尤其是有些高学历的人才也选择自杀，不由得让人感慨人心的敏感和脆弱。随着一起又一起大学生自杀案件的发生，我们必须认清楚一个现实，即大学生自杀已经成为日益严重的社会现象，在大学生自杀行为的背后，折射出的是日益严重的社会问题。

为了有效预防大学生自杀，湖北曾经在全省范围内组织八十一所高校党委书记召开了"防止高校学生自杀专题会议"。这个会议以"防止大学生自杀"为主题，不仅在湖北省绝无仅有，在全国范围内也开了先河。而湖北省当年之所以紧急召开这样一个会议，是因为开学之后三个月时间内，武汉地区的高校就已经发生了十几起大学生自杀事件，其中只有两个大学生在轻生之后获救，而其他选择自杀的大学生都失去了年轻而又宝贵的生命。

从大学生日益增长的自杀事件来看，教育最大的失败并不是没有培养更多的人才，而是对于生命教育的缺失。奥斯特洛夫斯基在《钢铁是怎样

炼成的》一书中，已经为我们阐述了生命的本质，即生命是最高贵的，对于每个人都只有一次机会。这个事实告诉我们，每个人都应该珍惜生命，重视生命。而如果教育的结果就是让孩子们看轻生命，那么这样的教育无疑是失败的。实际上，相比起学校教育，家庭教育更加需要承担起生命教育的重任。作为父母，首先要教会孩子尊重生命，敬畏生命，其次要教会孩子学会与生命展开拉锯战，决不放弃生命的权利，这样的教育才是基本合格的。很多大学生之所以选择轻生，很大程度上是因为他们从未接受过生命的教育。所以大学生自杀的理由也千奇百怪，有的大学生都已经毕业，只因为找工作一次应聘没有成功，就选择自杀。不得不说，这样轻飘飘的生命，让人感受到锥心之痛，也让人怀疑这样的生命哪怕存在，是否值得托付。

为了改变大学生频发自杀的情况，生命教育迫在眉睫。不管是父母也好，还是大学教育工作者也罢，一切成功的教育都要建立在孩子们对于生命的尊重之上。毕竟如果生命不存在，那么一起的付出和努力都会成为水中月、镜中花，根本没有存在的意义。尤其是作为家庭教育的执行者和对孩子言传身教的榜样，父母对于生命的态度会给孩子带来很大的影响。当父母始终积极乐观面对生命，珍惜生命，孩子轻生的概率就会小很多。相反，如果父母动辄就要放弃生命，那么孩子还有什么动力在生命之中苦苦坚持呢！

大学生自杀，不但让这个社会失去了人才，让相关的家庭失去了希望，更可怕的影响在于频繁发生的自杀行为背后，有更多的高校学生对于同学的自杀行为已经司空见惯，甚至见怪不怪了。他们甚至非常理解同学的自杀行为，不由得让人深思：到底是什么让他们与自杀者有了深刻的共鸣？这样的共鸣，也让更多的大学生游走在自杀的边缘。

除了家庭教育从小就要对孩子进行生命本位的教育之外，大学生心理状态的异常是导致大学生自杀行为的明显诱因。作为大学生学习和生活的大学校园，不能因为盲目的扩招就忽略对大学生的心理教育。这就像是一棵大树要想成为栋梁之才，就必须立根为本，而不能从根就歪歪斜斜的，那么即使长高了长大了，也无法成为栋梁之才。所以每一所高校都要重视对学生的心理健康教育，如果本校的老师不能担当专业的心理咨询工作，那么就可以聘用专业的心理医生开展对大学生的心理干预。否则，随着大学生自杀现象日益严重，大学校园的天空必然更加阴郁。曾经，有位患有轻度抑郁症的大学生说：自己的心情能拧出水来。由此我们不难感受到他内心的绝望。而如果能够在现实的生活中抓住一根救命稻草，谁又愿意放弃生命呢？任何时候，不管是家庭还是学校，在培养孩子成才的道路上都要始终坚持一个原则：只有尊重和珍爱生命的孩子，才能真正成才！

3. 我与同学：
　　大学生之人际关系的困惑

　　从20世纪80年代独生子女政策作为一项基本国策出台，80后、90后、00后，以及10后，都成为独生子女一代。而最初的80后，也已经迎来自己的后代00后和10后，由此两代独生子女的家庭模式变成了8-4-2-1结构。可想而知，做为独生子女的独生子女，00后和10后不但承受了父母的爱，也得到了爷爷奶奶和姥姥姥爷的爱，甚至还得到了曾祖辈的爱。在如此的疼爱和宠溺之下，孩子们怎能不唯我独尊呢？

　　小的时候，孩子在长辈们的疼爱和宠溺下长大。可是，父母和长辈不可能永远宠溺孩子。随着不断成长，孩子终究要离开父母的身边，过属于自己的生活。农村有些留守儿童，很小的时候就离开父母，而大多数孩子在初高中期间也会住校。哪怕是上学条件便利的孩子，读大学期间也会彻底离开父母身边，开始与同学相处。也因此，大学生活成为孩子们进入人生崭新阶段的开始，在班级里，孩子们一起上课，在宿舍里，孩子们保持同步作息，原本陌生且性格迥异的孩子们突然在一个屋檐下生活，期间必然会发生矛盾和冲突。所以，很多大学生都面临人际关系的困惑，甚至人际关系的难题会使大学生感到手足无措，也给他们的大学生活带来很多不和谐的音符。

波波是一名大一新生，刚开学三个月，她就因为宿舍里的人际关系问题陷入深深的困扰中，甚至因此萌生出退学的想法。考大学不容易，当听到波波说想要申请退学时，作为辅导员的刘老师意识到事出有因，所以虽然波波什么都不说，她还是进行了调查。

在去波波的宿舍调查时，刘老师才意识到问题的所在。原来，波波住的是大宿舍，包括波波在内，共有六个人一起居住。波波很喜欢看电影和动漫，虽然宿舍管理员每天晚上都会统一熄灯，但是波波总是利用熄灯之后的时间戴着耳机看电视，影响了宿舍里其他同学休息。有一天，秀秀实在忍不住，说："波波，你能不能有点儿集体生活的道德，你这样别人怎么睡觉啊！"波波不以为然，说："我又没有发出声音，失眠是你自己的问题。"秀秀说："你虽然没有发出大的声音，但是耳机还是会发出微弱的声音。而且，你的屏幕一闪一闪的，破坏了别人睡觉的氛围。"波波还是我行我素，最终导致整个宿舍的人都对她群起而攻之。如此一来，波波每天都在其他五个舍友的白眼中生活，自己也觉得没意思透顶。

——案例来自爱普生涯青少年生存能力成长中心

在这个事例中，波波的确没有集体生活的意识，因而受到其他舍友的排斥。实际上，集体生活和家里的生活的确截然不同。大多数孩子在家里都是独生子女，习惯了娇生惯养，习惯了凡事都顺着自己的性子来。而进入大学之后开始集体生活，如果还是我行我素，难免会与其他舍友发生磕磕绊绊，闹得很不愉快。一旦舍友之间的关系出现裂痕，那么在同一个屋檐下出出进进，难免会觉得难看和尴尬。所以父母在家庭中哪怕再疼爱孩子，也要教会孩子设身处地为他人着想，并且适当地收敛自己的锋芒，从而有效改善与他人之间的关系。

在大学校园中，同学之间关系不够融洽的情况时有发生，尤其是同宿舍的同学之间，因为在同一个屋檐下生活，所以发生矛盾的概率更高。尤其是如今的青少年，更加个性鲜明，谁也不愿意委屈自己，所以他们很难融入集体生活之中，寻找到归属感。为了让孩子将来在集体生活中适应得更好，父母应该从小培养孩子对他人的理解、宽容，从而帮助孩子建立良好的人际关系。作为辅导老师，也应该对宿舍里的同学们展开摸底准备，从而有的放矢地帮助孩子们相互了解，彼此宽容，也让大学生活从亲密的宿舍生活开始。有的时候，为了增强宿舍中小团体的凝聚力，还可以选举一个具有号召力的同学担任舍长，经常组织宿舍里的集体活动，最终形成凝聚力和向心力，让宿舍生活更加进展顺利。总而言之，宿舍就是大学生在大学校园里的家，关系融洽的宿舍会给孩子的大学生活留下美好的回忆，而关系紧张疏离的宿舍，则会让大学生彼此之间心生隔阂，对大学生活也心有余悸。

除了宿舍里同学的关系之外，在与宿舍以外的同学相处时，大学生也要收敛自己的任性和骄纵，要意识到这个世界上只有父母才会无条件包容自己，其他的人都需要平等对待才能建立友好、和谐的关系。不仅对于大学生而言，哪怕是对于走上社会的成年人，处理人际关系都是重中之重。而在大学校园中建立的良好人际关系的基础，对于大学生的大学生活和毕业后的社会生活，都将会非常有益。

4. 焦虑来袭：当焦虑情绪不断蔓延

现代社会，因为生存压力越来越大，更多的人陷入焦虑之中无法自拔，甚至因为极度的焦虑患上抑郁症。其实，不仅成人面对焦虑的困扰，很多在象牙塔中的大学生，也同样会遭遇焦虑的侵袭。焦虑的情绪带有肆意蔓延性，常常会影响大学生的心情，导致大学生无法从容应对大学生活，甚至人际关系也陷入恶化中。

导致大学生焦虑的原因很多，诸如家庭中父母关系的恶化、与同学之间无法建立良好的人际关系、恋爱的不顺利，或者与舍友的不和睦相处，以及面临的学业和就业压力等，都会导致他们心生焦虑，甚至对生活失去信心。当焦虑情绪不断蔓延，大学生的情绪也因此陷入波动之中，导致大学生活不顺利。

作为一名来自农村的孩子，杜鹃在拿到大学录取通知书的那一刻，觉得自己就像是鲤鱼跳龙门，从此以后人生就会截然不同。然而，等到真正进入大学校园之后，杜鹃才意识到自己面临着多么严峻的考验。

拿着父亲借遍了所有的亲戚朋友才凑够的一万多元学费，杜鹃很清楚等交完学费之后，她不得不依靠仅剩的几百元钱维持一个学期的生活。而母亲体弱多病，经常需要吃药，全家人只能依靠父亲一个人务农几亩田地生活，所以才刚刚开学，杜鹃就在为自己下一学年的学费而发愁了。

杜鹃每顿饭只吃最便宜的饭菜，有的时候就买一个馒头躲到宿舍里吃。即便如此节省，她的生活费依然捉襟见肘。有的时候，看到同学们周末就结伴下馆子，女同学还会在下馆子之后相约一起去买衣服，杜鹃不由得感到非常自卑。从此之后，她总是独来独往，不愿意与同学们过多地交往，每当看到同学们在一起吃饭或者女生一起去买衣服，她就会借口有事情躲得远远的。幸好，杜鹃学习上非常用功刻苦。在新学期的抽考中，杜鹃因为考试成绩不错，还赢得了200元奖学金。同宿舍的女同学都起哄让杜鹃请客吃饭，杜鹃总是躲躲闪闪，渐渐地，有些女生就说杜鹃是小气鬼。对此，杜鹃也不置可否。

春节，杜鹃没有回家，因为来回的火车票是不菲的费用。她一个人蜷缩在冰冷的宿舍里，觉得心中的弦即将崩断。她还找了一份短期的工作，在一个小饭馆里当服务员，为自己下学期赚取生活费。然而，新学期开学不久，杜鹃就出现崩溃的状况。一天晚上，她突然大喊大叫，在地上滚来滚去，还说自己不想活了。舍友见状很害怕，赶紧把杜鹃的情况报告给班主任老师。班主任老师意识到问题的严重性，带着杜鹃去学校的心理门诊接受心理疏导。一开始，杜鹃拒绝透漏自己的心理状况，后来，在心理医生的催眠下，她才倾诉了自己的苦恼。原来，杜鹃以为自己考入大学就改变了命运，却发现在大学校园里，她不得不承受巨大的精神压力。尤其是当看到同学们吃得比自己好，穿得比自己好时，她更是非常自卑，甚至不敢与同学们靠近。她觉得自己被整个世界抛弃了。

理解了杜鹃内心的痛苦和挣扎，班主任老师为杜鹃介绍了一份家教的工作，而且为杜鹃申请了贷款助学金。这样一来，杜鹃至少可以为自己挣出生活费，也无需再为新学年的昂贵学费发愁了。当然，除了物质上的帮助，班主任老师还与杜鹃宿舍的同学们进行了交流，向她们简单介绍了杜鹃的情况。暑假到来，舍友还介绍杜鹃去舅舅负责的公司当短期实习生呢。渐渐地，杜鹃越来越自信，她意识到自己凭借自己的双手创造生活，是更值得让人尊重的。她彻底远离了焦虑，与同学们的关系也越来越好。

——案例来自爱普生涯青少年生存能力成长中心

　　大学生虽然在大学校园中生活，但是他们同样需要面对复杂的人际关系，也要承受学业、社会的巨大压力。在这种情况下，大学生的生活压力并不小，焦虑也时常来袭。尤其是大学新生，还要经历大学生活的适应期、过渡期，更容易焦虑。作为大学管理者，也作为学生的负责人，老师一定更要及时关注学生的情绪，帮助学生及时宣泄，保持心理健康。

　　当然，大学生自身也应该学会理解和宽容他人。尤其是家境贫困的学生，当发现自己与同学存在很大差距时，不要一味地自卑，而要积极地想办法改善自身的状况，获得全面发展。对于每个人而言，良好平和的情绪都是健康和快乐生活的前提条件，大学生要想成才，必须先端正心态，保持愉悦的情绪，才能不断成长，持续进步。

5. 勇敢直面：
　　与其逃避竞争，不如形成核心竞争力

　　近十年来，大学毕业生并非炙手可热，而是随着大学教育的普及，以及教育受到重视的程度越来越高，大学毕业生越来越多，就业的形势也日益严峻。也许有人会说，大学生找不到工作，一定是因为没有真才实学，其实不然。大学生因为不堪找工作的压力和困境自杀的事情时有发生，这些选择结束生命的大学生中，更多的是名校毕业的高材生，他们之中有本科生、研究生和博士生。由此可见，大学生因为找不到工作而自杀，并非仅仅是因为学历不够高，或者心理素质不好，内心不够坚强，很大一部分原因是如今社会上职场竞争越来越激烈，对于人才的要求也更加苛刻。

　　和初中就辍学的农民工相比，大学生显然想得更多，忧思重重。他们既然已经读了大学，就没法像初中就辍学的同学一样死心塌地地去工地上干活，而对于心仪的工作他们却又求之而不得。以前，人们说高考是过独木桥，如今，大学生要想找到合适的工作又何曾不是过独木桥呢？每年的公务员考试，都吸引了无数社会人员报名，其实不乏很多应届大学毕业生。有些热门的职位，甚至成千人竞争一个职位，可想而知对于好工作的竞争多么激烈。在这种情况下，普通的大学生一定处于劣势地位，尤其是如今越来越多的用人单位不愿意聘用刚毕业的大学生，觉得他们既无工作经验，还眼高手低。是对于一些学历很高的大学生，如果岗位不需要那么

高知识水平的人，老板们宁愿花更少的钱或者同样的钱聘用学历相对低一些的人员，这样至少用起来顺手，也不影响工作效率，还能节省一笔钱，何乐而不为呢！正因为如此，并非只有低学历人才才会面临找工作的困境，很多高学历人才同样面临找工作的困境。

如今的就业局面很奇怪，一方面是很多大学生找不到合适的工作，一方面是用人单位抱怨没有合适的人才可用。这到底是什么呢？实际上，大学生找工作就像是女性朋友找对象一样，如果陷入高不成低不就的困境，就尴尬了。好的工作看不上他们，他们又看不上普通的工作，最终耽误了自己的就业，也使自己的人生似乎进入死胡同一样。在这种情况下，应届大学毕业生当然觉得就业压力很大，也导致很多即将毕业的大学生为自己的前途和命运担忧起来。

从本质上而言，每个用人单位都缺少人才。这里所谓的人才，不仅仅只有一张大学文凭，还要有自己的核心竞争力。那么，还没有毕业的大学生与其为了未来的工作困境而无端地苦恼和焦虑，不如抓住在大学校园学习的机会提升自己的核心竞争力。这样一来，毕业之后不但有一纸文凭，也有实力和能力，还愁找不到工作吗？那么，什么叫核心竞争力呢？核心竞争力首先是一种能力，其次这种能力还应该是自己独有的，是别人无法替代的。举例而言，一个讲师的核心竞争力是什么？如果只是肚子里有货，专业知识很强，学识渊博，那么他只具备了拥有核心竞争力的基础。既然是讲师，当然要传道授业解惑，所以讲师不但要有真才实学，还要能够以生动幽默的语言把自己的知识传授给学生，让学生接受和掌握。这样一来，讲师才具备核心竞争力，也成为岗位上无可替代的人。任何人，都要拥有核心竞争力，才能在职场上叱咤风云，凭着真本事开拓属于自己的一片天地。

大学的时光总是过得飞快，转眼之间，小梦已经读大四了。一进入大四，小梦明显感觉到班级里的气氛变得紧凝重起来。同学们一改往日悠闲自得的心态，一个个都在为了毕业后的工作问题四处奔走，寻找出路。有些心急的同学为了给自己增加经验，更是急迫地投入实习之中。然而，小梦对此却有不同的理解。

大学前三年，小梦始终在勤奋刻苦地学习，因而她可以拍着胸脯说自己的大学毕业证是有很高含金量的。在大四这一年，小梦没有去实习，而是决定利用实习时间参加培训班，让自己形成核心竞争力。小梦学习的是英语专业。她深知自己毕业后不会去当翻译，而且哪怕就是当翻译，也必须是进入公司在商业场合工作。为此，当其他同学都忙着四处实习时，小梦报名参加了商务英语培训班。果不其然，大学毕业后，很多公司都对外有贸易往来，而聘请的翻译又不懂得商业，因而急需掌握商务英语的人才。就这样，小梦轻而易举就进入一家大公司，专门负责对外商务。不但成为地地道道的白领，还拿着高薪水，时不时地就要陪同领导出国考察。

——案例来自爱普生涯青少年生存能力成长中心

这个事例中，小梦是一个很有主见的女孩。她知道只懂得英语是远远不能适应现代社会需求的，因而决定报名参加商务英语的培训，提升自己的商务英语能力。这样一来，原本和其他大学毕业生毫无区别的小梦，一下子脱颖而出，进入招聘者的视野中。也因为起点更高，相信小梦未来的职业发展也必然更好。

作为大学生，与其为工作的事情焦虑发愁，不如像事例中的小梦一样，先努力学好文化知识，再找机会提升自己的核心竞争力，也就可以做到兵来将挡，水来土掩啦！实际上，不仅是大学生，如今社会发展日新月异，哪怕是已经有经验的职场人士，也要不断地学习和提升自己，才能让自己与时俱进，在工作中有更好的发展。所以那些因为工作而焦虑不安的大学生，一定要提升自己的心理素质，更要有一颗强大的内心承受挫折和打击。人生总是充满各种坎坷和磨难，走出象牙塔走入社会，也正是人生必须面对的。

6. 创业之举：
　　大学生创业，让人生先一步起飞

如今，大学校园再也不是象牙塔，大学生也不能因为躲在大学校园就两耳不闻窗外事。实际上，现代社会压力无处不在，别说是大学生了，就算是小学生也要为了不输在起跑线上而坚持不懈地努力。当然，小学生主要是为了学习而努力，而大学生正处于步入社会之前最后的系统学习阶段，所以大学生不但要考虑学习问题，更要考虑就业问题，因而面临着双重压力。正因为如此，大学生才会压力重重，而很多大学生也会因此爆发出心理问题，导致内心深处不堪重负。

随着时代的发展，互联网广泛覆盖人们的生活，大学生只要鼠标动一动，就能知晓天下大事和很多信息。也因此，很多大学生不再是书呆子，而是能够开动脑筋，让自己的大学生活也变得丰富多彩起来。很多财商很高的大学生，包括一些家境贫穷的学生，从上大学开始就琢磨创业的事情，他们或者一边学习一边创业，如果确定自己抓住了千载难逢的好机会，也有可能彻底辍学，选择创业。诸如世界首富比尔·盖茨，就是因为抓住了好时机，才能成功开创自己的事业。当然，比尔·盖茨的好运气不是人人都有的，而且大多数大学生的才华与天赋和比尔·盖茨相比也是不可同日而语的。所以最好不要冒险做出模仿比尔·盖茨退学创业的事情。正如马云所说，要想像比尔·盖茨一样辍学创业成功，就像拿把枪对着天空随便一打就打下来一只鸟一样，概率极低。所以作为普通的大学生，最主要的任务还是把书读好，在学有余力的情况下可以兼职创业，在学无余力的情况下，等到学业结束再创业，都是可行的。总而言之，人生并非只有一条路可走，所谓条条大路通罗马，只有勇于开拓人生之路，才能把握更好的机遇与机会。

有一个男孩的大学生活，是不断奔跑着度过的。这个男孩暂且叫他小甲吧。小甲的家在偏僻、贫穷的农村，在他考上大学之后，父亲借遍了所有的亲戚朋友，才凑够了学费。小甲就这样拿着浸透着父亲和亲朋好友汗水的辛苦钱来到大学报到，他很清楚，等到交完学费之后，他只剩下400元钱。一个学期四个多月，哪怕天天馒头咸菜，也很难坚持到学期结束。

一个月过去了，小甲虽然顿顿都吃最便宜的饭菜，甚至周末的时候一天只吃两顿饭，但是也花掉了150元钱。捏着口袋里捂得发热的20多元钱，小甲心急如焚。思来想去，他做出一个大胆的决定。他拿着仅剩的钱为自己买了一部二手手机，花掉了100元。然后又去批发市场花10元钱买来一大包A4纸。第二天，校园里的通知栏中就张贴了一张通知。通知内容如下：代跑腿服务，校内一趟一元钱，校外三公里之内，一趟两元钱。通知才贴出去没多久，小甲的手机就响起来了，小甲迎来了人生中第一笔生意，一个女生让他买一份午饭送达图书馆。随着时间的流逝，学生们对于小甲的代跑腿服务也口耳相传，小甲的生意越来越好了。只要不是上课的时候，小甲总是随叫随到，效率很高。等到学期结束的时候，小甲不但挣出了自己的生活费，还积攒了1000元钱给父母呢！他决定向学校申请助学贷款，他有信心养活自己，供养自己读完大学。

第二个学期，小甲扩大了生意。他招募了几个和自己一样出身贫苦的孩子，按订单给他们提成。就这样，小甲的名气越来越大，后来他也成为一些校园紧俏商品的代理商。因为事先积累了丰富的人脉，小甲的生意很好。一年之后，他不仅还清了自己的助学贷款，还成功地挣够了明年的学费。等到大学毕业时，小甲专门做起各大学校园的生意，成为了一名不折不扣的小老板。

——案例来自爱普生涯青少年生存能力成长中心

原本，小甲是因为被逼无奈才不得不做"代跑腿"业务，以养活自己。然而，他从中找到了商机，而且把生意越做越大。最终，大学毕业的他根本无需像其他同学一样四处奔波找工作，而只要继续拓展大学校园里的业务就可以了。可想而知，脑筋活泛、不怕吃苦的小甲，最终的前途必然一片光明。

虽然我们不提倡大学生辍学创业，但是大学生在不耽误学业的情况下，力所能及挣些钱养活自己，这还是值得提倡的。除了做家教这一条途径之外，随着大学校园里的消费越来越高，其实大学校园中蕴含着很大的商机。在这种情况下，大学生想要竭尽所能养活自己，并非难事。人生，什么时候都不会太晚，然而宁早勿晚的事情，还是应该早早执行。大学生已经无法躲在象牙塔里逍遥自在，更早地接触社会，让自己变得成熟，对于大学生而言未必是坏事。让人生先一步起飞，大学生也许就能在人生之中占据先机，从而真正腾飞。

7. 先苦后甜：
　　厚积薄发，也不失为明智的选择

面对就业压力，大学生既可以选择同步创业，为自己的人生增加一些可能性，也可以选择厚积薄发，利用大学期间努力学习文化知识，提升和完善自己，从而做到先苦后甜，这样也不失为一种好办法。很多大学生之所以对大学生活感到失望，就是因为他们对大学寄予了太多的希望。实际上，每一条人生道路都是个人的选择，每个人理所应当对自己的人生负责，而不要一味地怨天尤人，甚至抱怨父母。

记住，这个世界上没有任何成功是一蹴而就的，也从未有天上掉馅饼的好事情。大多数人只看到成功者的光鲜亮丽，却不知道成功者在真正获得成功之前，曾经吃了多少苦头，又曾经遭遇多少次失败。正如古人所说：天将降大任于斯人也，必先苦其心志，劳其筋骨，饿其体肤，空乏其身，行拂乱其所为，所以动心忍性，曾益其所不能。这句话告诉我们，一个人越是想要成就大业，越是应该调整好自己的心态，迎接生活的重重磨难而绝不屈服，才能最终战胜噩运，赢得人生的胜算。包括小孩子和大学生在内，没有人能逃脱这个怪圈。如今的小学生学习压力之大，出乎人们的预料，没有人能够代替他们努力。同样的道理，大学生即将走上社会，面临学业和工作的双重压力，再加上回报父母的愿望，他们也身兼重任，时常感到万分沉重。然而，这个世界让人逃无可逃，每个人都必须勇敢面对自己的生活，唯有心平气和地一步一步地往前走，一切才能有条不紊地解决。否则，当大学生因为沮丧陷入被动之中，等待着他们的必然是更加窘迫的局面。

作为大学2016级新生教官，陶鹏于2013年毕业于大学通信工程学院。每一个熟悉陶鹏的人都知道，陶鹏非常执着，坚持早起学习英语，坚持夜跑。每天清晨六点，寒冷的冬日天还很黑，陶鹏就拿着英语书开始晨读。如果是夏天天气亮得比较早，他就坚持在操场上读英语。整个大学期间，陶鹏都是这么度过的。他的英语水平很高，还曾经荣获重庆大学英语演讲比赛的前三名。实际上，陶鹏的初衷只是突破自己。

一直以来，陶鹏坚持晨读，还和其他几个对英语学习有热情的同学一起成立了英语学习的公众号，由此带动很多学弟学妹也加入到学习英语的队伍中。陶鹏不但对于学习很热情，而且也坚持跑步。他几乎风雨无阻，每个夜晚都要跑步。这不但使他有了坚强的体魄，也使他得以身心放松。一早一晚的坚持，让陶鹏的大学生活过得无比充实。他在夜跑的时候，常常会陷入无边的黑暗中，等到跑到光明之中，又会觉得心情豁然开朗。

不得不说，陶鹏是个非常有毅力的人。他从不惧怕生活中的困境，而是努力提升自己，让自己做好准备，随时应对人生中的艰难时刻。他深信一万小时法则，知道唯有厚积薄发，才能有所突破，也才能柳暗花明。

——案例来自爱普生涯青少年生存能力成长中心

没有任何一个人，从出生开始就会享受一帆风顺的人生。大多数人在人生之中必然要面临形形色色的困境。曾经有心理学家指出，大多数人在先天条件方面都相差无几，之所以每个人后天发展迥异，就是因为他们的努力和坚持不同。和以往高中生在经历黑色的六月进入大学之后就觉得自己如同进了保险箱不同，如今的大学非但不是放松的开始，反而成为努力拼搏的起点。每一个人要想在人生之中厚积薄发，从容应对，就必须抓住一切机会努力提升、完善自己，唯有如此，才能让人生效率倍增，拥有更高的质量，也变得更充实。

给你一根甘蔗，你会选择先吃哪头？有的人从甜的那一头开始吃，吃着吃着，越来越觉得甘蔗寡淡无味。有的人从甘蔗不甜的那一头开始吃，渐渐地感受到甘蔗的甜蜜，因而也就觉得更快乐了。人生也是这样的过程，是在年轻的时候尽情挥霍，还是趁着年轻的时候努力拼搏，这是每个人对于青春的不同定义，也是每个人选择的不同人生之路。

8. 把握时机：
为何机会总是擦肩而过

人人都渴望成功，每个人都羡慕他人的成功，总是把他人的成功归结为运气好，家里有背景，甚至是因为遇到了贵人相助。实际上，成功表现出来的外在原因尽管多种多样，但是成功根本的原因只有一个，那就是当事人渴望成功，而且也做足了准备抓住了成功的机会。这些机会，或者是机缘巧合出现的，或者是因为人们努力争取才得到的，从不会从天而降。当青少年走入大学校园，也必然因为人脉资源的发展而面对更多的机会，同时也有很多的机会抓住或者获得成功。在这种情况下，大学生既感到人生充满希望，也会感到非常焦虑不安，因为他们不知道自己能否抓住机会，也不知道自己要怎么做才能把机会利用好，给自己的人生带来契机和机遇。

和几十年前的计划经济相比，如今的市场经济形势下各种竞争尤其激烈。尤其是在职场上，无数大学生挨挨挤挤想要获得一个好的工作机会，这情形甚至堪比高考的独木桥。而对于就业形势的认识，很多大学生都存在错误的认知，即觉得自己寒窗苦读十几年，好不容易考入大学成为天之骄子，却又要被用人单位挑剔和苛责。很多大学生因为心中落差太大，变得郁郁寡欢，甚至不知道如何面对自己的未来。极端的大学生因此而选择自杀，以悲壮的方式完成对生命的拷问，但是他们并没有获得自己想要的答案。那么，大学生究竟如何才能抓住机会，完成华丽的蜕变呢？

毋庸置疑，对于每个人而言，机会都是平等的。之所以人与人的命运相差迥异，是因为有的人非常努力，能够抓住机会，而有的人疏忽懈怠，不愿意付出任何努力，最终错失良机，追悔莫及。作为大学生，要想把握住机会，一定要成为那个有准备的人，否则只能眼睁睁地看着机会从自己的眼前溜走。记住，每个人都是自己人生的主宰，每个人的前途和命运都要靠自己把握。还有的大学生从小娇生惯养，对于人生的不如意，甚至抱怨父母不是官一代或者富一代，导致他们的人生这么被动和仓皇。难道我们能因为自己不管如何努力，都无法达到别人起点的高度而彻底放弃对生命的权利吗？当然不能。不到生命的最后一刻，没有人知道自己的人生将会以怎样的方式，在怎样的高度结束，我们唯一能做的就是把握现在，既不为过去而烦恼，也不为未来而焦虑，只有今天才是我们生命中唯一的一天。

记得比尔·盖茨当初辍学创业的时候，曾经邀请一位大学同学和他一起开办公司。这个同学觉得自己的知识储备不够，因而拒绝了比尔·盖茨的邀请。十年后，这位同学已经成为相关领域的专家，而比尔·盖茨则成为世界首富。我们无法评价他们俩谁的决定更明智，但是有一点毋庸置疑，如果这位同学也希望以财富证明自己的价值，那么他显然错过了生命中最好的机会。而且，这个机会一去不返，再也不会有。

  很多大学生渴望成功，却不敢尝试和亲自去实践。他们虽然有很多关于成功的金点子，最终却成为了空想，使得他们的人生也变得失落。很多时机，一旦错过就不会再有，对于每个人而言，现实都是如此残酷。不管现状如何，抱怨对于解决问题没有任何作用，唯有积极地去做，不要停下来，一切才会更好。也许在起步的时候，我们与他人相差只有一小步，但是随着时间的流逝，我们与他人之间的差距也许就会变得特别大，甚至无法弥补。因而作为新时代的大学生，最重要的不是忧愁和焦虑，而是端正心态，积极乐观地面对生活，从而让自己的人生更充实，让自己的学习效率更高，也让自己未来的人生拥有更多的可能性。千万不要等到走入社会之后才感到无所适从，也懊悔自己虚度了大学生活，没有努力提升和完善自己。要知道，青春的时光一去不返，对于每个人而言，最好的青春年华也不过就是二三十年的光阴。如果不拼搏不奋斗，还要青春做什么呢？

  记住，机会只属于有准备的人，当你做好万全的准备等着机会，你就能够勇敢地抓住机会。牢牢抓住机会固然重要，更重要的是要做好准备，这才是抓住机会的先决条件。有人说牛顿很幸运地被苹果砸到，所以才能发现万有引力。实际上，有很多人都被苹果砸到过，但是他们之中从未有人把掉落的苹果和万有引力联系起来，这是因为他们从未做好准备。也有的大学生会觉得守株待兔等待机会太难了，因为机会总是不期而至，在你刚刚转身的时候从你面前飞逝而过。只能说，你的耐心不够，为了等待机会到来付出的毅力也还有所欠缺。当你觉得机会姗姗来迟时，一定不要转身离开，要迎着机会可能到来的方向去寻找，这样你就会更早地抓住机会、开拓人生。总而言之，真正的强者是从不放弃的人，他们面对人生的困境和噩运，从不抱怨、也不退缩，而总是鼓起勇气一往无前。作为新时代的大学生，也要拥有这样的精神，才能真正站于世，成为自己的成功楷模。

后记：每一个用心的父母都曾经深感失败

在这个世界上，最伟大而又艰难的事业不是成为科学家，进行研发创造，也不是成为对文化知识一窍不通的人，闭着眼睛懵懂度过一辈子。最伟大的事业，是成为合格的父母，成为孩子心甘情愿效仿的人生榜样。

我在参与辅导的很多个案中发现：不管父母掌握了多少知识，职位多么高，或者对整个社会做出了多么伟大的贡献，他们也会因孩子而抓狂，尽管他们自己功成名就，却成为孩子眼中一无是处的父母，这使他们开始怀疑自己，甚至开始怀疑人生。他们不知道一切都怎么了，才会如同开心麻花般带有讽刺意味地拧巴着，他们不知道自己明明在各个方面都很优秀、出色，为何唯独得不到孩子的认可，也无法在孩子面前表现得更好一些。这种无力感和深深的挫败感，简直能让一个精神上的巨人轰然倒地。也正是基于这样的现状，我着手写这本《青少年行为心理学》，不得不说，每一位用心的父母，都曾经被孩子打败过，都曾经因为孩子的教育问题抓狂过、歇斯底里过，也崩溃过。我深深地希望，有更多的父母通过阅读本书在对孩子的行为和心理理解与认知上能更进一步，掌握更多与孩子相处的方法，顺利陪伴孩子人生中至关重要而又极其特殊的这段青少年时期，让他们成为一个值得让他们自己和父母骄傲的人。欢迎来信交流、分享与探讨，我的私人邮箱：1540670029@qq.com（注明：《青少年行为心理学》

读者），或关注爱普生涯微信公众号（微信号：ahpsy001），及时获取最新建议或公益指导。

无疑，每个孩子的成长之路都充满荆棘，父母唯有披荆斩棘，练就十八般武艺，才能为孩子的成长保驾护航！